AF453576

BIBLIOTHÈQUE
DE L'ÉCOLE DES HAUTES ÉTUDES
PUBLIÉE SOUS LES AUSPICES DU MINISTÈRE DE L'INSTRUCTION PUBLIQUE

SCIENCES RELIGIEUSES

VINGT-QUATRIÈME VOLUME. — Fascicule 1

ESSAI

SUR

LES RITES FUNÉRAIRES

EN SUISSE

DES ORIGINES A LA CONQUÊTE ROMAINE

ÉTUDE SUR LES MŒURS ET LES CROYANCES
DES POPULATIONS PRÉHISTORIQUES

PAR

D. VIOLLIER

DIPLOMÉ DE L'ÉCOLE DU LOUVRE
CONSERVATEUR AU MUSÉE NATIONAL SUISSE A ZURICH

PARIS

ERNEST LEROUX, ÉDITEUR

28, RUE BONAPARTE, VIe

1911

BIBLIOTHÈQUE DE L'ÉCOLE

DES HAUTES ÉTUDES

SCIENCES RELIGIEUSES

VINGT-QUATRIÈME VOLUME — FASCICULE 1

ESSAI

SUR

LES RITES FUNÉRAIRES

EN SUISSE

DES ORIGINES A LA CONQUÊTE ROMAINE

LE PUY, IMP. MARCHESSOU. — PEYRILLER, ROUCHON ET GAMON, SUCCES[rs]

ESSAI

SUR

LES RITES FUNÉRAIRES

EN SUISSE

DES ORIGINES A LA CONQUÊTE ROMAINE

ÉTUDE SUR LES MŒURS ET LES CROYANCES

DES POPULATIONS PRÉHISTORIQUES

PAR

D. VIOLLIER

DIPLOMÉ DE L'ÉCOLE DU LOUVRE

CONSERVATEUR AU MUSÉE NATIONAL SUISSE A ZURICH

PARIS

ERNEST LEROUX, ÉDITEUR

28, RUE BONAPARTE, VI°

—

1911

ESSAI SUR LES RITES FUNÉRAIRES EN SUISSE

PENDANT LES TEMPS PRÉHISTORIQUES

INTRODUCTION

L'étude des rites funéraires des populations préhistoriques est l'une des plus fécondes en renseignements sur leurs mœurs et leurs croyances.

Cette étude peut se proposer des buts différents.

Le mobilier funéraire a permis aux archéologues l'établissement d'une chronologie relative parmi les milliers d'objets qui garnissent les vitrines des musées. C'est une fois en possession d'une chronologie relative, qu'il leur a été possible d'étendre le cercle de leurs comparaisons et d'aborder l'étude si complexe de la chronologie absolue.

Les ossements, provenant des tombes à inhumation, permettent aux anthropologues de se rendre compte des caractères physiques des races, pour chaque période archéologique, et l'on peut espérer que, dans un avenir plus ou moins éloigné, les savants seront en mesure de déterminer avec précision ce que furent les diverses races qui ont habité successivement ou concurremment notre continent.

Considérée au point de vue des rites funéraires, la tombe est, pendant une longue suite de siècles, à peu près la seule source d'information pour celui qui recherche des documents sur la vie morale des tribus préhistoriques.

Enfin, si l'on combine l'étude du mobilier et des rites funéraires aux données fournies par les ossements humains, la tombe procure des renseignements assez précis pour définir ethnographiquement la population d'une région à un moment donné. Les changements que nous constatons dans les rites funéraires trahissent les mouvements de peuples qui se sont produits sur notre continent pendant les quelques milliers d'années qui s'écoulèrent avant le moment où les peuples classiques entrèrent en contact avec les populations barbares du centre de l'Europe, avant que les écrivains grecs nous fournissent quelques documents, souvent bien vagues et contradictoires, sur l'histoire de notre continent (1).

L'étude du mobilier funéraire fera l'objet d'un autre travail. Dans les pages suivantes nous nous proposons d'étudier les tombes mêmes, à savoir les tombes trouvées en Suisse depuis l'apparition de l'homme dans le pays jusqu'à la conquête romaine.

Nous nous efforcerons de dégager ce que la tombe peut nous apprendre sur les croyances et la vie morale des peuples qui se sont succédé entre le Rhin et les Alpes, ainsi que sur leur conception de la mort. En même temps, nous essaierons, en suivant les mouvements de ces peuples, d'esquisser une histoire de la Suisse avant son incorporation à l'Empire.

____

(1) Sur ces renseignements des écrivains classiques sur les premiers habitants de l'Europe, voir d'Arbois de Jubainville, *Les premiers habitants de l'Europe*, Paris, 1889 et 1894.

I

La tombe seule peut nous renseigner sur les idées religieuses des populations préhistoriques de notre pays. En effet, jusqu'au jour où les Romains apprirent à connaître les peuples qui occupaient la Gaule, tout ce que nous savons sur ceux-ci, ce sont les traces qu'ils ont laissées dans le sol qui nous l'apprennent. Mais si ces objets, ces débris d'habitations, ces restes de fortifications nous éclairent suffisamment sur leurs mœurs et leurs coutumes, sur leur tempérament, guerrier ou pacifique, sédentaire ou nomade, sur leurs goûts et leurs moyens de vivre, en revanche ils sont presque muets sur leurs croyances religieuses.

A cet égard nous ignorons à peu près tout des Helvètes et des populations qui les ont précédés. Mais nous sommes à peine mieux renseignés sur le reste de la Gaule au moment de la conquête. Les Romains, excellents administrateurs, commerçants habiles, ne paraissent guère s'être intéressés aux croyances de leurs nouveaux sujets, tout en s'efforçant cependant, tant que la raison politique n'était pas en jeu, de ne point les blesser dans leurs religions.

Résumés en quelques mots (1), les renseignements que nous possédons sur la religion de nos ancêtres directs, les Gaulois du temps de la conquête, se bornent à quelques phrases d'auteurs classiques, d'une interprétation souvent difficile ; à quelques assimilations incontrôlables entre divinités gauloises et dieux de l'Olympe ; à des listes de noms sur lesquels la sagacité des savants contemporains s'est vainement exercée, et à quelques représentations figurées,

_____

(1) Cf. Dottin, *Antiquités celtiques*, 1906, p. 219 et ss. Renel, *Les religions de la Gaule*, 1906.

tout aussi énigmatiques. Aussi la religion des Gaulois est-elle l'une de celles qui nous sont le plus mal connues.

Mais si nous sommes si mal renseignés sur une période relativement récente et pour laquelle nous possédons des sources littéraires assez nombreuses, à plus forte raison, quelle ne doit pas être notre ignorance sur la religion des peuples de la Gaule pendant les siècles précédents, pour lesquels tous renseignements contemporains nous font défaut.

Aussi, malgré l'ingéniosité des érudits modernes (1), en sommes-nous réduits, sur ce sujet, à quelques hypothèses tout à fait insuffisantes pour nous rendre compte des croyances religieuses de ces populations.

De la présence dans l'Europe centrale de doubles haches en cuivre (2) et de croissants en terre cuite (3), il nous est permis de supposer l'existence de quelque culte lunaire, ou de quelque culte de la double hache, identiques à ceux que les fouilles de Crète nous ont révélés (4).

De la présence dans les stations lacustres d'ornements en forme de rouelles et de la survivance d'antiques traditions, d'anciennes pratiques, comme les feux de la Saint-Jean (5), on a déduit l'existence de quelque culte solaire. Enfin, de l'étude, si fort en honneur depuis quelques années, des religions des peuples non civilisés, et de la comparaison des faits que cette étude nous révèle, avec les survivances du folk-lore, on a conclu à l'existence, chez les populations pré-

---

(1) Voir en particulier sur ce sujet A. Bertrand, *Religion des Gaulois*, 1897. — Renel, *Les Reliques de la Gaule*, 1906.

(2) Une de ces haches a été trouvée dans la station lacustre de Mörigen (lac de Bienne), Gross, *Protohelvètes*, pl. X, 1.

(3) Ces croissants se rencontrent en grand nombre dans les stations lacustres. Cf. Gross, *Pfahlbauten*, *Bericht* VII, pl. XX.

(4) *Zeitschrift für ethnol.*, 1905, 619.

(5) Sur les rouelles, considérées comme emblème solaire, cf. Gaidoz, *Le dieu gaulois du soleil*, in *R. archéol.* 1884 II, p. 33. — Déchelette, *Le Culte du Soleil*, in *R. archéol.*, 1908. Sur les feux de la Saint-Jean, consulter Bertrand, *l. c.*, p. 96 et ss.

historiques, de tout un ensemble de ces croyances, qui sont cataloguées aujourd'hui sous les noms modernes de totémisme et d'animisme (1).

Là s'arrêteraient nos connaissances sur ce sujet, si elles ne nous avaient laissé leurs tombeaux, dont l'étude attentive pourra nous éclairer tout au moins sur un des côtés les plus importants de leur religion, car, de tous temps, la religion fut étroitement mêlée aux choses de la mort.

Pour les primitifs, la mort n'est pas une fin, mais un changement, le passage à une existence nouvelle, analogue à celle que le défunt menait sur terre. Les morts conservent avec leurs parents des liens durables; mais, en même temps, ils deviennent quelque chose de différent, de séparé, de sacré, quelque chose d'inconnu et partant de mystérieux, qui peut être puissant et surtout redoutable. Ce sont des êtres intermédiaires entre les hommes et les dieux, des êtres religieux en tous cas, qui se distinguent mal des autres êtres religieux. Il importe donc de les soigner comme hommes et parents, de leur élever par exemple des demeures à l'image de celles dans lesquelles ils vécurent, de les entourer de leurs armes et de leurs objets familiers, enfin de leur fournir des provisions. En outre comme ce sont des êtres vagues et puissants, il importe de se les rendre propices par des cérémonies appropriées. Les rêves et les hallucinations ne sont pas étrangers à la crainte des revenants et à la révérence accordée aux morts. C'est tout cet ensemble de rites et de croyances concernant les morts qui constitue le culte des morts. On a exagéré la place du culte des morts dans l'évolution de la religion, mais on ne saurait l'en rayer. Les sentiments dont le mort est l'objet sont encore pour nous des sentiments de caractère religieux. Ils l'ont été également pour nos ancêtres et pour les primitifs.

Toutefois, s'il est relativement facile de constater les divers

---

(1) Sur ce sujet, voir en particulier les nombreuses études de S. Reinach, *Cultes, mythes et religions*, 3 vol., Paris, 1905-08.

rites funéraires en usage pendant les différentes périodes
préhistoriques, autre chose est de les expliquer. Aussi, pour
le moment, et dans la plupart des cas, devrons-nous nous
borner aux constatations et laisser l'explication en suspens
jusqu'au jour, peut-être encore lointain, où les faits connus seront assez nombreux pour se commenter les uns les
autres. Jusque-là il est, croyons-nous, plus sage de s'abste-
nir de toute interprétation téméraire.

II

Les tombes nous fournissent aussi des renseignements
sur les mouvements de peuples qui eurent lieu avant l'ère
chrétienne, et dont nous commençons seulement à entrevoir
les grandes lignes.

On sait en effet combien les rites funéraires sont tenaces,
avec quelle difficulté et quelle lenteur ils se modifient : tout
le monde est à même de constater quels obstacles l'incinération des morts, préconisée par les hygiénistes, rencontre
pour pénétrer dans nos civilisations modernes. Chacun désire,
plus peut-être par habitude que par conviction, être enterré
comme ses ancêtres et près d'eux. Or, si aujourd'hui, malgré
la diminution des sentiments religieux, il est si difficile de
modifier nos vieilles coutumes funéraires, il est compréhen-
sible que les populations primitives, soumises à d'innom-
brables scrupules et à mille craintes superstitieuses, devaient
être encore infiniment plus réfractaires à toute modification
apportée à leurs rites.

Un exemple frappant de cette résistance des vieilles coutumes nous est fourni par les Romains : deux rites, l'incinération et l'inhumation, furent, dès l'origine, en usage à
Rome. L'incinération fut longue à supplanter tout à fait
l'inhumation, et quelques vieilles familles restèrent fidèles
à l'ancien rite (1). Une curieuse coutume prit naissance,

____

(1) Par exemple la famille des Scipion.

lorsque l'incinération fut devenue le rite prépondérant :
on détachait une partie du corps du défunt, généralement
un doigt, pour l'inhumer suivant les vieux us (1).

Si donc, au cours des siècles, soit pendant la même période
archéologique, soit dans deux périodes consécutives, mais
dans une même région, nous trouvons des modifications pro-
fondes dans les rites funéraires ; si, par exemple, l'inhumation remplace peu à peu l'incinération, ou si l'on trouve
l'emploi simultané des deux rites, comme c'est le cas dans
les cimetières de l'Étrurie, ou dans la nécropole de Hallstatt,
alors on pourra supposer que le nouveau rite est le
fait d'un nouveau peuple, bien qu'appartenant à la même
civilisation.

Au contraire, si nous assistons à une modification progressive de l'outillage d'un groupe, sans que nous puissions
constater de changements dans ses rites funéraires, alors
nous serons plutôt tentés de conclure que nous avons toujours affaire au même groupe ethnique, mais que celui-ci
subit l'influence civilisatrice d'un peuple voisin et plus
avancé.

Ainsi, là où le mobilier funéraire ne nous fournit que des
renseignements insuffisants, là où l'étude des ossements
humains ne peut nous fournir que des données encore bien
incertaines, l'observation des rites funéraires va nous permettre de nous avancer d'un pas plus assuré.

III

Dans un travail comme celui que nous avons entrepris,
nous aurons à étudier d'une part les sépultures elles-mêmes
et d'autre part aussi les traces qu'y ont laissées les cultes
funéraires. De ces derniers, les sépultures ne nous appren-
dront que peu de chose, et seulement sur les rites accomplis
au moment des funérailles.

(1) Saglio, *Dict. antiq. gr. et rom.*, art. Funus, p. 1373.

L'étude de la tombe portera sur la forme de celle-ci, sur la façon dont le mort a été traité, enfin sur ce qui se trouve dans la tombe ou à côté.

Les premières tombes furent de simples fosses en pleine terre; plus tard on chercha à protéger le cadavre ou ses restes à l'aide de dalles qui forment autour de lui une caisse ou une petite chambre. Plus tard encore, lorsque apparaîtront dans notre pays les premiers objets de métal, on élèvera au-dessus de la tombe une butte de terre, un tumulus.

Le mort sera inhumé ou incinéré. Cette dernière coutume apparaît tardivement et nous verrons qu'elle fut pratiquée chez nous pendant une période relativement courte.

Par contre l'inhumation des corps fut, à presque toutes les époques, et particulièrement pendant l'époque néolithique et le deuxième âge du fer, le rite prépondérant. Le plus souvent, le corps sera déposé seul dans la fosse et dans la position allongée. Mais nous trouverons aussi des tombes dans lesquelles les corps sont repliés, et souvent la même sépulture renferme plusieurs corps. Enfin, dans quelques cas, le corps a été décharné en dehors du lieu où seront déposés définitivement les ossements.

Le corps n'est généralement pas inhumé seul dans son tombeau. Ses objets familiers l'accompagnent dans sa dernière demeure. En outre, ses parents déposeront auprès de lui des vivres pour le grand voyage. Quelquefois même on sacrifiera sur sa tombe quelques êtres humains destinés à l'accompagner et à le servir dans l'autre monde. Nous trouverons enfin dans des tombes d'autres traces des cérémonies funéraires, comme des tas de charbons, des glands ou des feuilles de chênes, dont nous aurons à tenter d'expliquer la présence auprès du corps.

CHAPITRE PREMIER

I. — ÉPOQUE PALÉOLITHIQUE

Pendant le premier âge de la pierre, la Suisse fut à peine habitée : pays essentiellement montagneux, durant toute la durée des temps glaciaires, il fut recouvert d'un épais manteau de glace. Ce n'est qu'après le retrait définitif des glaciers, qu'une étroite bande de terrain, comprise entre leur moraine frontale et le cours du Rhin, devint habitable (2).

Toutes les stations paléolithiques fouillées jusqu'à ce jour sont situées dans la chaîne du Jura, à l'exception de celle du Wildkirchli, dans le massif du Säntis (3). On n'en compte guère plus d'une demi-douzaine (4), qui, pour la plupart, servirent seulement d'abris passagers à quelques bandes errantes; elles n'ont livré aucune tombe.

Le fait n'a pas lieu de nous surprendre : les stations

---

(1) Cf. J. Heierli, *Urgesch. d. Schweiz*, p. 145 et suivantes.

(2) Voir la carte de l'extension des glaciers dressée par H. Schardt, dans le *Dictionnaire de géographie suisse*, de Knapp et Borel, vol. V, p. 154.

(3) Bächler, *Prähistorische Kulturstätte in der Wildkirchli*, St-Gall, 1907.

(4) Les stations paléolithiques suisses sont les suivantes : dans le canton de Schaffhouse : la *Schweizersbild*, le *Kesslerloch*, *Freudenthal;* de *Veyrier*, dans le Salève (frontière française); du *Scex* près Villeneuve (Lac Léman); du Moulin de *Liesberg, Bellerive, Büsserach, Grellingen, Winznau* (dans le Jura), le *Wildkirchli* dans le Säntis.

paléothiques si abondantes en France n'ont donné qu'un nombre encore relativement faible de sépultures datant nettement du premier âge de la pierre.

II. — ÉPOQUE NÉOLITHIQUE.

Dès le début du deuxième âge de la pierre nous trouvons en Suisse trois types de sépultures. Dans ces trois types de sépultures le mort est simplement inhumé. Ils

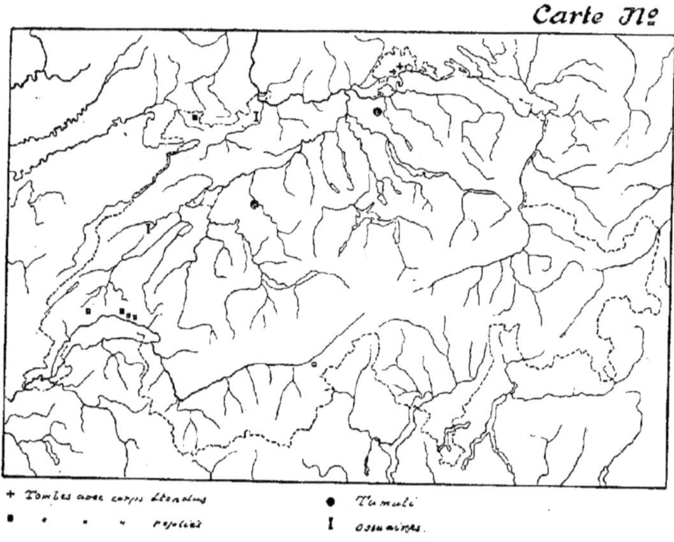

Fig. 1.
Carte des tombes néolithiques.

sont bien distincts, non seulement par leurs caractères, mais aussi par leur répartition géographique.

Le premier groupe comprend des tombes dans lesquelles le mort repose étendu de tout son long. Ces tombes ne se sont rencontrées que sur la rive droite du Rhin, et seulement dans deux localités voisines (1).

Le second comprend des tombes dans lesquelles le mort est replié sur lui-même, les genoux ramenés contre la poitrine. L'aire de répartition de ces sépultures est infiniment plus étendue : elle s'étend sur toute la Suisse occidentale, depuis le fond de la vallée du Rhône jusqu'au Rhin, de l'Aar au Jura (2).

Le troisième comprend les ossuaires et n'est représenté que par deux tombes (3).

a) *Tombes où le corps est allongé.*

Ces tombes ne se sont rencontrées, jusqu'à ce jour, que dans une caverne (le Dachsenbüel, près de Schaffhouse) et sous un abri de rocher (le Schweizersbild, dans la même contrée). Ce dernier avait primitivement servi de refuge à une colonie de paléolithiques.

La forme la plus élémentaire consiste en une simple fosse dans laquelle le corps est couché sur le dos, les jambes étendues, les bras allongés, ou croisés sur la poitrine (4).

La tombe ne renferme qu'un seul corps. Pourtant, dans deux sépultures, un enfant nouveau-né avait été enterré auprès de sa mère (5). Une autre fosse renfermait les restes

---

(1) Au *Dachsenbüel* (von Mandach, *Grabhöhle im Dachsenbüel*, in *Mitteil. antiq. Gesell.*, Zurich, XVIII, 7) et au *Schweizersbild*, près de Schaffhouse (J. Nuesch, *Das Schweizersbild*, p. 286 et ss.)

(2) *Glis* (Valais) (*Blätter wall. Geschichte*, III, 228). *Lausanne, Lutry, Pully, Yens* (Vaud) (Troyon, *Monuments in l'Antiquité*, p. 78, 144 et 446; Schenk, *Sépultures de Chamblande*). *Beurnevésain* (Berne) (Schenk, *l. c.*).

(3) *Auvernier* (V. Gross, *Tombe lacustre*, in *Mitteil. antiq. Gesell.* Zurich, XIX, 3, p. 39) et Aesch (Bâle) (Sarasin, *Seltener Grabfund*, *Sonntagsblatt d. Basler Nachrichten*, 1907, 15, XII).

(4) Schweizersbild, Tombe n° 9. — Il est très regrettable que l'inventeur qui ne recherchait que l'établissement paléolithique ne se soit pas donné la peine d'étudier ces tombes avec plus de soin.

(5) Tombes n°s 14 et 16.

d'un homme et d'un enfant (1). Cette dernière sépulture est particulièrement curieuse : les deux corps étaient privés de leur tête, et comme le terrain ne présentait aucune trace de remaniement postérieur, on est bien obligé d'admettre que les deux morts avaient été décapités avant d'être déposés dans la tombe.

Plusieurs fois, on constata que le mort reposait sur une couche de cendres (2). Il est fort regrettable que la relation que nous suivons soit si sommaire ; nous voudrions savoir si ces cendres provenaient ou non de foyers sur lesquels les morts auraient été inhumés. Le cas est fréquent dans les pays voisins, notamment en France, mais surtout pendant l'âge paléolithique. Telles sont les sépultures sur foyer des grottes de Grimaldi (3) et de la station de Solutré : les corps étaient couchés sur des foyers, étendus sur le dos, les membres allongés, avec ou sans entourage de pierres.

Les morts du Schweizersbild ont-ils été enterrés sur leurs foyers ? L'hypothèse serait d'autant plus plausible que l'abri présente de nombreuses traces d'habitation. Le mort était déposé sur un foyer, la demeure fermée et abandonnée. Cette coutume se retrouve chez de nombreuses tribus de demi-civilisés, chez les Dayaks de Bornéo (4).

Les tombes du Schweizersbild, comme celles de Menton, que nous venons de mentionner, ne sont pas toutes des fosses simples. Dans quelques cas, un lit de pierres forme, sous le corps, une aire pavée (5). Dans l'une des tombes, renfermant les restes d'un jeune enfant, ce pavage formait une sorte de berceau profond (6).

De construction différente était la tombe trouvée dans la

(1) Tombe nº 5.
(2) Tombes nos 2, 7, 10, 11, 12 et 14.
(3) J. Déchelette, *Manuel d'Arch. préhist.*, I, p. 291.
(4) R. Hertz, *Représentation collective de la mort*, in *Année sociologique*, X, p. 59.
(5) Tombe nº 11.
(6) Tombe nº 18.

caverne de Dachsenbüel : elle était entourée d'un mur en pierres sèches, délimitant un rectangle assez régulier, et fermée par une couverture de dalles. Enfin, elle renfermait deux corps couchés l'un sur l'autre, sur le ventre, le visage

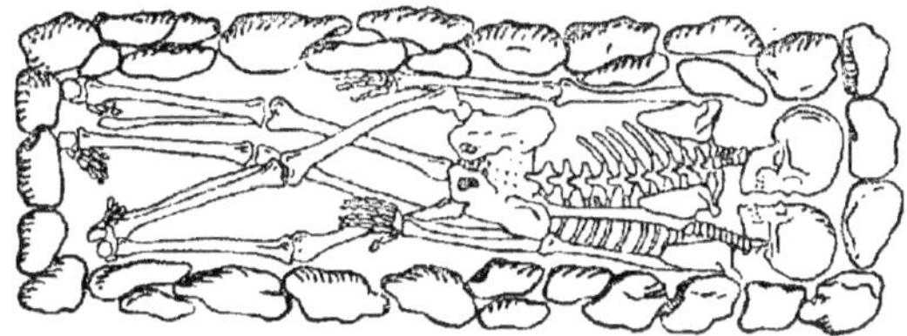

Fig. 2.
Tombe du Dachsenbüel (Mitteil. Zurich, XVIII, 7, pl. 3, 1).

contre le sol, les jambes enchevêtrées. Ici encore, un lit de cendres garnissait le fond de la tombe (1).

Comme nous l'avons dit, ces tombes ne se sont rencontrées que dans une région peu étendue, sur la rive droite du Rhin, aux environs de la petite ville de Schaffhouse (2).

Il ne semble pas que l'orientation ait été l'objet de soins particuliers (3), comme c'est le cas dans le groupe suivant : la tombe du Dachsenbüel était orientée E.-O.; celles du Schweizersbild E.-O. (2 fois) N.-S. (six fois) S. E.-N. O. et N. E.-S. O. (trois fois chacun).

b) *Tombes où le corps est replié* (4).

Ces tombes sont toutes de construction identique, quatre dalles grossièrement taillées sont juxtaposées verti-

(1) Von Mandach, *l. c.*

(2) Des inhumations dans des cavernes se rencontrent au début du néolithique, en particulier en France. A noter qu'ici, les corps ne sont ni décharnés, ni peints en rouge. Cf. Déchelette, *Manuel*, I, p. 452 et ss.

(3) Ces tombes paraissent en effet toutes contemporaines et devaient appartenir à un même groupe humain.

(4) A. Schenk, *Sépultures de Chamblande*, in *Bull. soc. vaudoise sc. nat.* 38-39, avec bibliographie.

calement de manière à former un petit sarcophage, long à peine d'un mètre ; une cinquième dalle sert de couvercle. Le caveau ainsi fermé ne pouvait renfermer de corps qu'à la condition qu'il fût replié sur lui-même.

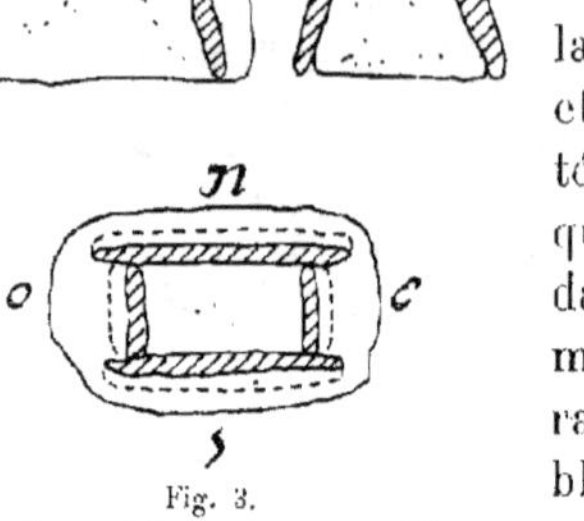

Fig. 3.
Tombe en dalles avec corps replié.

En général la tombe est plus large à la base qu'au sommet, et les deux dalles des extrémités sont taillées en trapèze. Quelquefois même, elles s'emboîtent dans des rainures grossièrement ménagées dans les dalles latérales, rendant ainsi l'assemblage plus parfait.

Ces tombes renferment rarement un seul, presque toujours deux corps placés dans la position accroupie, les genoux ramenés contre la poitrine, les bras repliés, couchés sur le côté et superposés (1).

Lorsque la tombe renferme deux corps, ceux-ci sont toujours de sexe différent, et sont toujours séparés par une grande différence d'âge (2) ; tantôt, c'est l'homme qui est beaucoup plus âgé que sa compagne ; tantôt, au contraire, c'est la femme qui est l'aînée. L'homme repose toujours au fond de la tombe, le corps de la femme étant toujours déposé le dernier. Tous deux ont exactement la même position.

Une seule fois, dans une tombe plus grande que les autres, les deux corps au lieu d'être superposés, étaient placés l'un

(1) Cette position accroupie du mort a été observée très fréquemment, non seulement en Europe, mais aussi en Afrique et en Amérique. Cf. Troyon, in *Anzeiger f. schw. Alt.*, 1855, p. 12 ; Déchelette, *Manuel*, I, p. 471, et en particulier le travail de R. Andree, *Hockerbestattung*, in *Archiv für Anthropologie*, 1907. p. 282 sqq.

(2) Schenk, *l. c.*, p. 249. Le même fait a été constaté en France, en particulier dans la grotte de Grimaldi (Menton) dans laquelle la sépulture n° 4 renfermait une vieille femme et un adolescent. Cf. Déchelette, *l. c.*, p. 294.

en face de l'autre, l'épine dorsale contre les grands côtés du caveau.

Il est absolument certain que les deux corps ont été inhumés en même temps, car les os du corps inférieur ont toujours conservés leur connexion naturelle, ce qui ne serait pas, si le second corps avait été déposé dans la tombe lorsque le premier occupant se trouvait déjà en état de putréfaction ; le poids du nouvel inhumé n'aurait pas manqué en effet de déranger les os décharnés et privés de leurs ligatures. Il eût fallu que le premier inhumé fût au moins protégé par une couche de terre, or les corps n'étaient jamais recouverts de terre : celle qui remplit aujourd'hui quelques tombes est le résultat des infiltrations. Les tombes dont la construction est plus soignée ne présentent aucune trace de ce remplissage.

En outre, à supposer qu'il y ait eu deux inhumations successives, il faudrait admettre que l'homme fût toujours décédé le premier, ce qui n'est guère vraisemblable.

Quelquefois la femme a emporté avec elle, dans la tombe, son petit enfant qu'elle tient serré dans ses bras.

Certaines tombes enfin ont reçu plusieurs inhumations successives. Dans ce cas, les os des premiers occupants ont été rassemblés en tas, soit dans les angles de la tombe, soit au dehors, dans une sorte de charnier creusé aux pieds de celle-ci.

Toutes ces tombes sont rigoureusement orientées de l'est à l'ouest, les défunts regardant toujours le levant.

Le mobilier funéraire est très pauvre : quelques objets de pierre ; des pectoraux de défenses de sanglier, coupées en deux, et réunies sur deux rangs ; des colliers ou bracelets de coquillages marins.

Ces tombes sont contemporaines des tombes où le corps est étendu, qui ont aussi fourni comme mobilier de petits objets en silex et des coquilles marines. Cependant, il semble que l'usage d'inhumer dans les caveaux de dalles se soit maintenu jusqu'à la fin de l'époque néolithique. L'une de ces tombes renfermait en effet une hache-marteau perforée (1).

Il faut encore mentionner la présence fréquente de petits tas de charbons placés, soit à l'intérieur, soit à l'extérieur de la tombe.

Ces charbons, comme nous aurons l'occasion de le montrer plus loin, doivent provenir de feux rituels allumés pendant les cérémonies funéraires.

La position repliée devait être donnée au corps aussitôt après le décès, avant que la rigidité cadavérique vînt empêcher de ployer les membres sans les briser.

De nombreuses explications ont été proposées de cette coutume (2). On a voulu voir dans cette attitude donnée au mort, celle du repos (3). D'autres ont cru qu'il s'agissait seulement de donner à la tombe des dimensions moindres, par économie de temps et de travail (4). On a pensé que la position accroupie était donnée aux corps par assimilition au fœtus : le mort retournait dans le sein de la terre maternelle qui doit lui rendre la vie (5). — Enfin il est possible que la crainte des vampires ne soit pas étrangère à cette coutume : le mort aurait été ligoté afin de l'obliger

---

(1) M. Déchelette considère ces tombes comme appartenant toutes à la fin du Néolithique, *l. c.*, p. 464.

(2) Cf. Déchelette, *l. c.*, 473. Nous pensons avec cet auteur que la solution du problème peut différer pour chaque cas.

(3) C'est la solution adoptée en particulier par Naville pour les tombes égyptiennes (Naville, *Religion des anciens égyptiens*, p. 47). Elle nous paraît aussi applicable à quelques cas en Europe, en particulier lorsque le corps n'est pas complètement replié sur lui-même. Cf. Déchelette, *l. c.*, *f.* 114 (Laugerie Basse) et 158 (Worms).

(4) Heierli (à la suite de Wischov), *l. c.*, p. 156. Cette explication nous paraît à rejeter. Les populations qui ont élevé les dolmens et les stations lacustres ne devaient craindre ni la peine ni la perte de temps.

(5) Troyon, *Monuments de l'antiquité*, p. 93. *Anzeiger f. schw. Alt.*, 1856, p. 21. Cf. A. Dieterich, *Mutter Erde*, in *Archiv für Religionswissenschaft*, t. VIII, p. 1 sqq. C'est cette explication qui a été le plus généralement adoptée. Elle prête cependant à de graves objections : elle tend à supposer à des peuples très primitifs un symbolisme très développé et des connaissances physiologiques bien étendues.

à rester dans la tombe, de l'empêcher de revenir sur terre
troubler les vivants dans leur sommeil (1).

Pourquoi ces tombes renferment-elles presque toujours
deux corps inhumés ensemble ? Nous avons en effet démontré
que les corps devaient avoir été déposés simultanément dans
la tombe. La première idée qui se présente à l'esprit, c'est
que lorsque, dans une famille un décès se produisait, l'époux
survivant devait suivre son conjoint dans l'autre monde ; et
qu'on n'hésitait même pas à immoler sur la tombe du
mari, la femme et l'enfant qu'elle allaitait. — César pré-
tend que les sacrifices humains étaient fréquents en Gaule
avant la conquête.

Cette explication ne paraît pas valable dans le cas présent, car elle ne tient pas compte de la grande différence
d'âge qui sépare en général les deux défunts, à moins de
supposer qu'au survivant on substituât un autre membre
de la famille, pris parmi les plus vieux.

Mais ces tombes ne renfermaient pas seulement des cou-
ples d'adultes. L'une d'elle contenait les restes de deux
enfants d'une dizaine d'années. Il ne saurait donc être
question d'un mari et de sa femme. Ce sont peut-être des
époux fictifs. L'explication nous est suggérée par une coutume, dont M. O. Schrader croit avoir retrouvé des traces
chez les anciens Grecs, et qui était encore pratiquée dans
les premiers siècles de notre ère par certaines tribus
slaves : le mariage funéraire (2).

Chez ces peuples, il était d'usage non seulement que la
femme suivît son mari dans le tombeau, mais de ne mourir
que marié. Lorsque le défunt n'était pas marié, on procé-
dait en grandes cérémonies aux noces de son cadavre avec
une femme, qui était ensuite immolée et qui prenait place
aux côtés du mort sur le bûcher funéraire. Cette coutume,
qui est encore relatée par quelques voyageurs arabes qui visi-

(1) Forrer, *Reallexikon,* art. Hockergräber, p. 303, et surtout Andree,
Hockerbestattung, in *Archiv für Anthropologie,* 1907, p. 303-307.
(2) O. Schrader. *Totenhochzeit.* Iéna, 1904.

tèrent au xe siècle la Russie, dura fort longtemps. Plus tard, lorsque les mœurs s'adoucirent, on procéda toujours aux fiançailles du mort, mais sans sacrifier la malheureuse victime.

Ainsi il semblerait que les néolithiques aient pratiqué l'immolation du survivant, ou de son substitut, sur la tombe de son conjoint.

La tombe n'était pas un asile inviolable et définitif, puisque, dans quelques cas, nous avons constaté que les tombes avaient été ouvertes et les premiers occupants expulsés au profit de nouveaux décédés.

Ce fait est significatif. Il montre que les néolithiques avaient conçu que la nouvelle vie du mort ne se passait pas dans l'étroit espace de la tombe, mais dans un autre monde, où l'esprit seul du défunt pouvait pénétrer. Cette nouvelle croyance fut sans doute l'origine d'un rite nouveau : le décharnement du mort et le dépôt de ses ossements dans un ossuaire. Nous y reviendrons dans le paragraphe suivant.

En Suisse, l'aire de dispersion des tombes en dalles à squelettes accroupis est assez étendue. Nous trouvons en effet de ces cistes jusqu'au fond de la vallée du Rhône, à Glis près de Brigue (1). Nous en trouvons d'autres sur les bords du Rhin, dans le Jura bernois (2). Mais le groupe principal se trouve sur les bords du lac Léman, où nous constatons plusieurs cimetières plus ou moins importants (3).

c) *Les ossuaires*

Il faut distinguer entre les ossuaires, construits pour recevoir les restes de corps décharnés ailleurs, et les ossuaires occasionnels ; à presque toutes les époques, on

---

(1) *Blätter a. d. walliser Geschichte*, III, p. 228.
(2) Au Bournevésain (Schenk, *Sépultures*).
(3) Pierra-Portay, Lutry, Pully (Troyon, *Monuments*, p. 78 et 144).

trouve, dans les cimetières de quelque étendue, des tombes dans lesquelles ont été déposés les os des morts dont les sépultures ont été détruites accidentellement ou violées pour recevoir de nouveaux corps. Mais il y a eu des peuples dont les morts devaient régulièrement être déposés au bout d'un certain temps dans un ossuaire, construit à cet effet.

Jusqu'à ces temps derniers, on ne connaissait en Suisse qu'un seul ossuaire : c'était la tombe d'Auvernier. Celle-ci appartient à la fin du néolithique et au début de l'âge du bronze, puisque le mobilier funéraire comprenait, à côté d'objets de pierre, quelques petits objets de métal. Une trouvaille toute récente montre que ce type de monument funéraire apparaît déjà chez nous vers le milieu de l'époque néolithique. Ces tombes doivent être rapprochées des sépultures dolméniques de la France.

L'une de ces tombes, trouvée à Aesch (Canton de Bâle) (1) était une chambre rectangulaire, entourée de dalles brutes, plantées verticalement, de deux mètres sur trois. Le fond de cet ossuaire était dallé ; la couverture de dalles manquait. Fait curieux : cette tombe était placée au sommet d'un tumulus en terre, qu'elle dominait. Etait-elle entièrement dans un tumulus, je l'ignore. A l'intérieur de ce monument, on trouva les restes d'environ 25 corps d'hommes, de femmes et d'enfants. D'après les observations des fouilleurs, chaque fois qu'un nouveau corps était déposé dans la tombe, on devait repousser vers les bords les restes des premiers occupants, pour placer le nouveau venu au centre.

Le mobilier funéraire, composé de silex, de quelques dents de loup et d'ours perforées et d'un marteau de pierre, est nettement néolithique.

La tombe d'Auvernier (2) (canton de Neuchâtel) est de construction plus compliquée. Elle se composait d'une chambre centrale dont les grands côtés, prolongés, en avant et en arrière formaient deux annexes. Celle de devant servait de

(1) F. Sarasin, *Sonntagsblatt d. Basler Nachrichten*, 15 xii-07.
(2) *Mitteilungen antiq. gesell. Zurich*, XIX, 3, p. 39.

vestibule; elle communiquait avec la pièce centrale par une ouverture ménagée dans l'angle supérieur de la dalle de séparation. Cette tombe est souterraine.

Sur les côtés, deux sortes de corridors. Ces pièces latérales, comme la chambre centrale, étaient couvertes de dalles. Elles renfermaient toutes des ossements humains en grand nom-

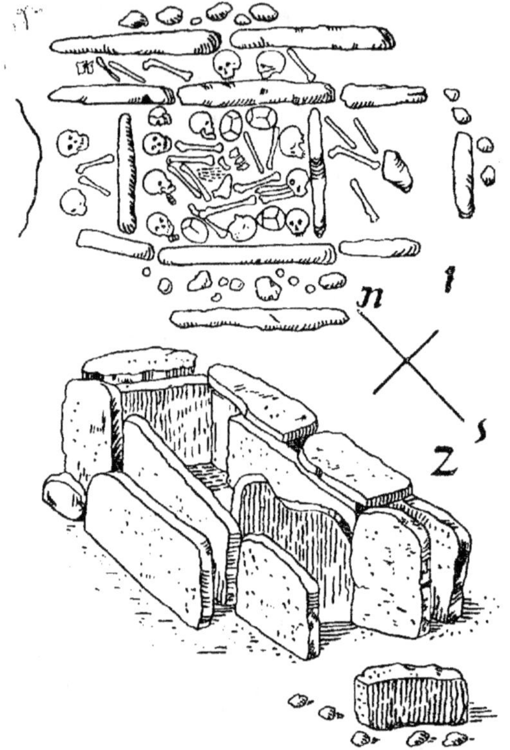

Fig. 4.
Ossuaire d'Auvernier (Mitteil. Zur XIX, 3; pl. XXI, 1).

bre, à l'exception de ce que nous avons appelé le vestibule. Dans la grande sépulture étaient les restes d'une vingtaine de corps, les gros os placés en tas au milieu et les crânes alignés le long des parois.

Dans cet ossuaire, les corps ne devaient être déposés qu'après avoir été décharnés (1).

Ce rite n'est pas particulier aux populations préhistoriques. Il est pratiqué aujourd'hui encore chez les Dayaks de Bornéo (2). Voici comment on peut l'expliquer : la mort est une souillure pour l'âme du défunt, dont le signe visible est la putréfaction des chairs. On doit donc débarrasser celle-ci de cette souillure afin de lui permettre de gagner sa dernière demeure. Le corps est exposé à l'écart jusqu'à ce que les os soient entièrement dépouillés. Alors ceux-ci peuvent être déposés dans la sépulture définitive. Jusqu'à cette cérémonie finale, le défunt n'est pas définitivement mort et son âme est errante et malfaisante. On doit donc chercher à l'apaiser par des cérémonies appropriées, en particulier en lui fournissant à manger. Une fois le corps dépouillé de ses chairs, les os lavés et mis dans la tombe, l'âme purifiée et apaisée peut gagner sa dernière demeure (3). Les cérémonies funéraires présentent donc deux degrés, et l'on peut parler d'un ensevelissement au deuxième degré.

Le mobilier funéraire comprenait, outre des objets de pierre et des dents perforées, quelques petits objets de bronze. Cet ossuaire avait donc été en usage non seulement pendant la fin de l'époque néolithique, mais encore pendant les premiers temps de l'apparition du métal.

Ces deux tombes n'avaient pas la même orientation : tandis que l'ossuaire d'Auvernier avait son grand axe dirigé du sud-ouest au nord-est, celui d'Aesch, l'avait du sud-est au nord-ouest.

De l'étude que nous venons de faire des rites funéraires à l'époque néolithique, il semble ressortir que, dès le début

____

(1) Sur le décharnement à l'époque néolithique, cf. Déchelette, *Manuel*, I, p. 749.

(2) Voir sur ce sujet l'intéressante étude de R. Hertz, *La représentation collective de la mort*, in *Année Sociologique*, vol. X, p. 48 et ss.

(3) R. Hertz, *l. c.*, p. 53-64.

de cet âge, la Suisse fut habitée par plusieurs groupes humains, qui avaient, à plusieurs points de vue, une même civilisation, mais dont les croyances sur les morts différaient profondément.

Les tombes du Schweizersbild avec corps étendus sont proches parentes des tombes paléolithiques trouvées dans les cavernes du centre et du midi de la France (1).

Cette parenté est confirmée par l'anthropologie. Les restes humains provenant de ces tombes présentent tous les caractères de la race paléolithique de Laugerie-Chancelade (2).

La même race fait le fond de la population dont nous trouvons les restes dans les tombes avec corps accroupis. Dans celles-ci toutefois, on constate bientôt la présence d'une nouvelle population, également dolichocéphale, mais d'origine septentrionale (3). Il est regrettable qu'il n'existe encore aucune étude sur les ossements provenant de la tombe d'Aesch ; nous ne pouvons donc savoir si ces restes appartiennent ou non à la même race que ceux provenant de la tombe d'Auvernier.

(1) Déchelette, *l. c.*, 1, p. 452.
(2) A. Schenk, *Études sur l'anthropologie suisse.* in *Bull. soc. géogr. Neuchâtel*, XIX, p. 55.
(3) Schenk, *l. c.*, p. 57.

CHAPITRE II

LES RITES FUNÉRAIRES PENDANT L'AGE DU BRONZE (1)

Un rite funéraire nouveau, l'incinération, apparaît en Suisse avec l'âge du bronze. Nous aurons à constater que

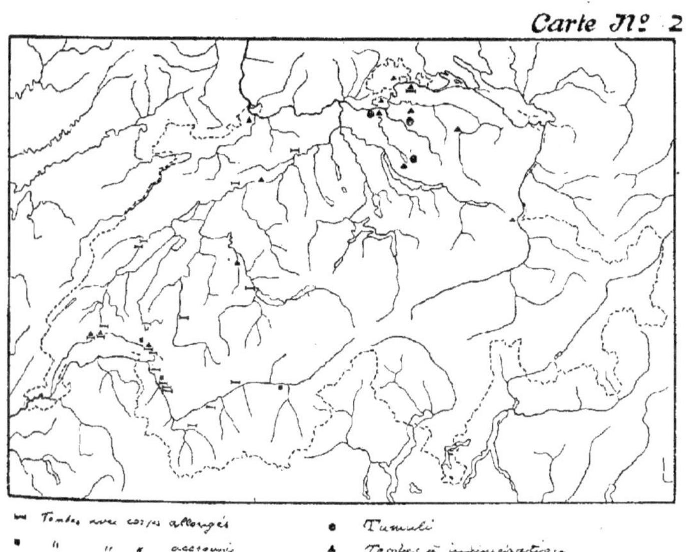

Fig. 5.
Carte des tombes de l'âge du bronze.

(1) Cf. Heierli, *Urgeschichte*, p. 243.

les tribus qui pratiquaient l'incinération occupent une aire bien déterminée, et ne se sont presque pas mélangées à celles qui continuaient à inhumer leurs morts. Les incinérants habitaient la Suisse orientale, jusqu'à l'Aar; les inhumants, la Suisse occidentale.

I. — Tombes a inhumation.

Il y a trois types de tombes à inhumation :
1° celles dans lesquelles le corps est étendu ;
2° celles dans lesquelles le corps est accroupi;
Ces deux types, nous les avons déjà étudiés à l'époque néolithique. Ils se partageaient alors tout le territoire suisse, tandis qu'à l'âge du bronze, nous les trouvons refoulés dans la Suisse occidentale par l'arrivée des tribus d'incinérants.
3° l'ossuaire.

Cette dernière forme de tombe, nous l'avons examinée dans le chapitre précédent. Elle apparaît pendant l'époque néolithique et est encore en usage au début de l'âge du bronze; nous n'y reviendrons donc pas.

1° *Tombes dans lesquelles le corps est étendu.*

Ce type est de beaucoup le plus fréquent : le mort est déposé dans une simple fosse creusée le plus souvent dans un banc de sable (Corseaux, Veytaux [Vaud] Auvernier [Neuchâtel]). Il repose directement sur le fond de la fosse, et est recouvert de terre prise à la surface.

A Montsalvent (Fribourg) le corps était couché sur un lit grossier fait de dalles brutes. Quelquefois, il était recouvert de dalles (S.-Prex, Montreux [Vaud]), ou par un lit de galets (Grenchen [Soleure], Schlatt [Thurgovie]). Dans cette dernière localité, le mort était séparé de la couverture de pierre par un lit de terre.

Dans quelques cas, une pierre sert d'oreiller au défunt,

tandis qu'à ses pieds se dresse une autre pierre, comme pour marquer le point où finit la tombe (Schlatt [Thurgovie], Auvernier [Neuchâtel]).

Plus rarement, un mur en pierres sèches l'entoure et sert de support aux dalles de couverture (Montsalvent [Fribourg], Montreux [Vaud]).

On trouve aussi de véritables sarcophages construits entièrement en dalles brutes. Quelques cimetières, comme celui d'Ollon (Vaud) contenait plus de cent tombes de ce type, qui ont été détruites sans profit pour la science, et les objets perdus.

Le corps est toujours couché sur le dos, très rarement sur le côté. En règle générale, chaque tombe ne renferme qu'un seul mort. On a cependant constaté que quelques tombes avaient reçu jusqu'à six inhumations successives (Montreux [Vaud]).

Dans quelques-unes de ces tombes, le cadavre inhumé était accompagné de vases remplis de cendres. Ces vases étaient placés soit à l'intérieur, soit à l'extérieur de la tombe (Montreux, S.-Prex [Vaud]). Dans cette dernière localité, les vases étaient entourés de cendres et alternaient avec les tombes à inhumation ; mais il ne s'agit pas de tombes à incinération, puisqu'elles ne contenaient aucune parcelle d'os (1).

Ces cendres proviennent évidemment de foyers rituels. Déposées à côté du mort, elles rappellent les petits tas de charbons placés dans les tombes de l'époque précédente (2), et peut-être aussi la couche de cendre qui garnissait le fond des tombes du Schweizersbild. Il y a là sans doute deux formes d'un même rite.

Nous ne possédons que des données très vagues sur l'orientation de ces tombes. Il semble cependant que la direction

____

(1) La même particularité a été constatée dans le cimetière gaulois de Spiez (Berne).

(2) Ces tas de charbons dans les tombes se rencontrent également dans les sépultures gauloises.

O.-E. était prédominante; quelques tombes étaient pourtant orientées N.-S.

Le mobilier est en général très pauvre et les urnes y sont très rares.

2° *Tombes dans lesquelles le corps est replié.*

Les tombes de ce groupe, bien que peu nombreuses, appartiennent à deux variétés bien distinctes : dans les unes le mort repose sur le flanc, comme dans les tombes néolithiques; dans les autres, il est couché sur le dos.

a) *Corps couché sur le flanc.*

Cette variété évidemment survit à l'époque de la pierre; elle se trouve seulement dans la même région, c'est-à-dire dans le bassin de Léman (Ollon, Chardonne [Vaud]). Comme la plupart de ces tombes ont été détruites lors de travaux agricoles, nous ne possédons que peu de renseignements. Elles étaient construites en dalles et ne devaient renfermer qu'un seul corps. Dans quelques-unes, les os n'avaient plus leur connexion naturelle; ils étaient disposés en tas au centre. Ces dernières tombes sont vraisemblement des ossuaires dans lesquelles on déposait les ossements provenant de sépultures violées (1).

b) *Corps couché sur le dos.*

Ces tombes ne se sont rencontrées jusqu'à présent que dans une seule localité, à Raron (Valais).

La tombe est entourée de dalles, mais souvent les parois latérales sont inclinées en sens inverse, en s'évasant, en sorte que le fond de la tombe est plus étroit que l'orifice.

---

(1) A moins qu'il ne s'agisse de tombes ayant reçu plusieurs inhumations successives.

Ces parois obliques sont maintenues extérieurement par des pierres ; le fond est dallé.

Le corps repose sur le dos, les genoux ramenés contre la poitrine.

Les sépultures ne renferment qu'un seul corps.

Une seule tombe plus grande que les autres contenait trois squelettes.

A côté de ces tombes, on trouve fréquemment des charbons, des cendres, des pierres calcinées, restes de feux rituels (Ollon, Chardonne [Vaud]).

Ici encore les renseignements que nous possédons sur l'orientation sont peu abondants. La direction O.-E. paraît avoir été la plus fréquente.

Par leur mobilier, les tombes avec corps repliés, couchés sur le côté, appartiennent au bel âge du bronze, tandis que celles dans lesquelles le corps repose sur le dos sont de la fin de cette époque, et sont même en usage pendant les premiers temps de l'époque de fer.

L'aire de répartition des tombes à inhumation est très nettement circonscrite : sauf une seule qui fut trouvée en Suisse orientale (Schlatt [Thurgovie]), elles appartiennent toutes au bassin du Léman et au plateau compris entre le Jura et l'Aar.

II. — Tombes a incinération.

Les tribus qui incinéraient leurs morts n'apportaient pas seulement avec elles un rite nouveau, mais aussi une forme nouvelle de tombeau, le tumulus ou butte funéraire élevée au-dessus du sol, jusqu'alors inconnu en Suisse. Nous aurons donc à étudier deux formes de tombes ; les tombes souterraines (celles-ci sont les plus nombreuses) et les tumuli.

On a déjà beaucoup discuté sur l'origine du rite de l'incinération.

On y a vu un résultat de la crainte des vampires (1) : le

(1) Voir en particulier, Andree, *l. c.* p. 301 et 375.

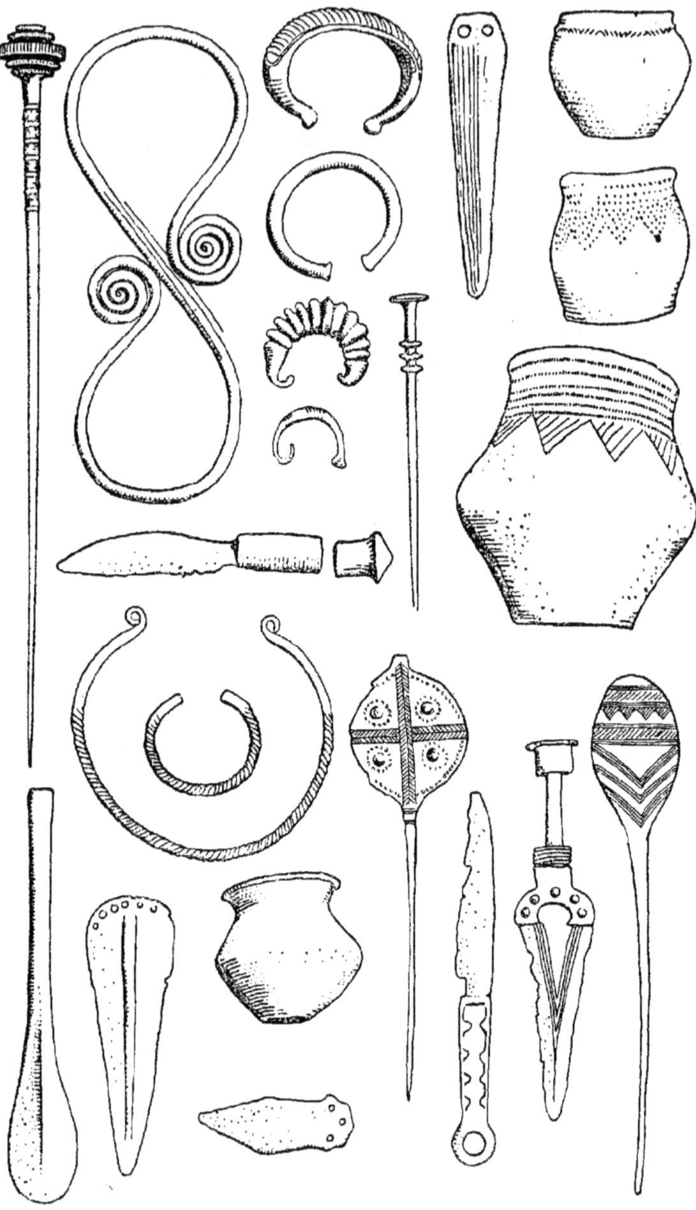

Fig. 6.
Age du bronze, choix d'objets provenant de tombeaux.

corps était détruit pour empêcher le mort de venir troubler les vivants pendant leur sommeil.

Mais on peut aussi l'expliquer comme celui du décharnement et le considérer comme une forme spéciale de la sépulture à double degré. L'incinération est une manière plus rapide de détruire les chairs du cadavre et de puri_ fier l'âme du mort. L'incinération correspondrait donc au dépôt du corps dans la tombe provisoire, avant l'inhumation définitive. L'âme, dépouillée du corps, cesse alors d'appartenir à ce monde, en même temps qu'elle cesse d'être malfaisante pour devenir bienfaisante. C'est l'explication proposée par M. Hertz dans le travail que nous avons cité plus haut (1).

a) Tombes souterraines.

Une fois le cadavre incinéré, les cendres étaient enfermées dans une urne. Celle-ci était ensuite déposée dans une petite chambre construite en murs de pierres sèches et fermée par une dalle. Les cendres, provenant du foyer, sont amassées autour de l'urne et remplissent la tombe. Parmi celles-ci sont déposés les quelques objets qui composent le mobilier funéraire. Quelquefois ces objets portent des traces de feu (Rafz [Zurich], Mels [St-Gall]). La tombe est tantôt ronde (Mels), tantôt carrée (Rafz).

Souvent cependant, l'urne est déposée au fond d'une simple fosse, sans protection aucune contre le poids de la terre (Belp [Berne], Glattenfeld [Zurich]).

D'autres fois, l'urne elle-même manque ; les cendres et le mobilier funéraire sont simplement enfouis en terre, et recouverts, dans quelques cas, par un lit de cailloux (Thalheim, Schlatt, Elg [Zurich]).

Le mobilier funéraire est en général assez pauvre. Une tombe (Elg) renfermait une fibule à grandes côtes. Ce type de tombeaux appartient au milieu et à la fin de l'âge du bronze. Ils sont contemporains des tombes à inhumation.

(1) R. Hertz, l. c., p. 67-77.

Ces tombes se rencontrent dans toute la Suisse orientale, de l'Aar au Rhin. Une seule est située au-delà de l'Aar (Belp [Berne]) ; mais elle est si près du fleuve que sa présence en ce lieu n'a rien de surprenant.

b) *Le cimetière du Boiron* (1).

Ce cimetière doit être étudié à part. Il est, en effet, jusqu'à ce jour, unique en Suisse. Il est mixte, c'est-à-dire composé de tombes à inhumation et à incinération, dispersées sans ordre. Il est situé sur le bord du lac Léman, donc en plein territoire des inhumants.

Mais le mélange des rites n'est pas la seule particularité qu'il présente. Le mobilier funéraire diffère complètement des autres tombes de la même époque.

Les tombes sont soit des caissons en dalles, soit de simples fosses. Là où il y a eu incinération, les restes du foyer garnissent le fond de la tombe.

Les corps inhumés reposent dans de simples fosses, sur le dos, les jambes repliées, les genoux en l'air.

Le mobilier funéraire est très particulier. Il se compose essentiellement de vases, aussi bien dans les tombes à incinération que dans les tombes à inhumation. Chaque tombeau renferme plusieurs vases, écuelles ou pots. Or la poterie fait à peu près défaut dans les autres tombes de l'âge du bronze, exception faite de l'urne cinéraire qui recueille quelquefois les cendres des morts.

Les objets de métal sont tous très petits et peu importants : quelques pendeloques en forme de rouelles, surtout des annelets et des épingles (2). Souvent ces objets ont subi l'action du feu.

Il s'agit donc bien des restes d'une population particulière.

(1) F. Forel, Cimetière du Boiron, *Anzeiger f. Schw. Alt.*, 1908.
(2) Un cimetière, situé au même lieu, détruit au commencement du siècle passé, a fourni quelques beaux bracelets lacustres.

M. Forel, qui a fouillé ces tombes admet que ce sont celles d'une population lacustre (1).

c) *Les tumuli.*

C'est au début de l'âge du bronze, peut-être même à la fin de l'époque néolithique, que cette forme nouvelle de tombeau fait son apparition en Suisse.

La tombe n'est plus souterraine. Les restes du mort sont déposés sur le sol, et recouverts par une butte artificielle en terre.

Durant l'âge du bronze, ce type de tombe demeure cepen-

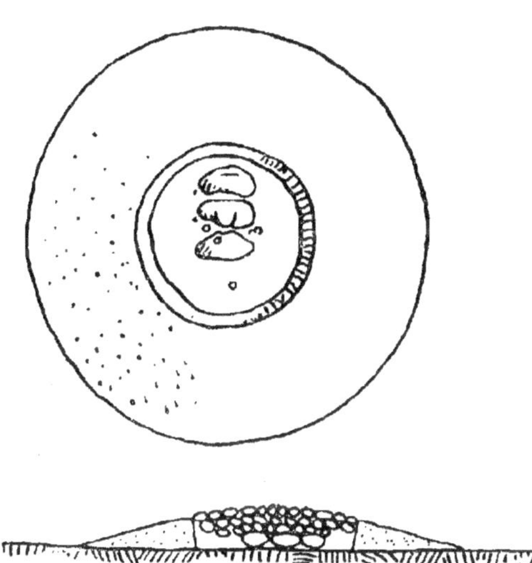

Fig. 7.
Tumulus de Weiach (Zurich).

dant assez rare. C'est à peine si on le rencontre dans une demi-douzaine de localités.

(1) La présence d'une station lacustre aux environs du Boiron n'est pas encore absolument démontrée. L'hypothèse de M. Forel ne s'impose pas pour le moment.

Dans la plupart des cas, le tumulus recouvre un lit de pierres (Rickenbach [Berne]) ou un noyau de pierres (Schöfflisdorf, Gossau [Zurich]) sous lequel est placée la tombe proprement dite. Ces tumuli recouvrent le plus souvent l'emplacement où avait été élevé le bûcher funéraire.

Dans un tumulus (Weiach [Zurich]), le noyau de pierre recouvrant la tombe, était porté par trois grosses pierres.

Souvent cependant, ces tumuli sont de très faibles dimensions et à peine visibles au-dessus du sol (Schöfflisdorf [Zurich], Neuenegg [Berne]).

Leur aire de dispersion est la même que celle des autres

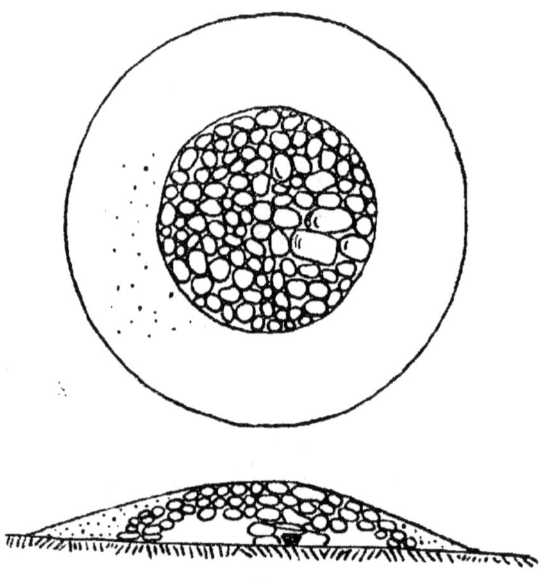

Fig. 8.
Tumulus de Schöfflisdorf (Zurich).

tombes à incinération : ils se rencontrent dans la Suisse orientale, entre l'Aar et le Rhin.

Avec l'apparition du métal, les rites funéraires se sont donc multipliés, et à l'inhumation s'ajoute l'incinération, le tumulus à la tombe souterraine. De cette multiplication des rites funéraires, nous pouvons conclure à la présence de plusieurs groupes de populations différentes.

Il semble que c'est d'au-delà du Rhin que sont arrivées les nouvelles tribus, qui apportaient avec elles l'usage de brûler les morts. Ces nouveaux venus refoulaient devant eux les tribus qui inhumaient et qui étaient sans doute les descendants des populations néolithiques.

Mais ces incinérants n'apportaient pas avec eux la connaissance du métal : celle-ci les avait précédés et, tandis qu'ils arrivaient du nord, c'est par la vallée du Rhône que dut se propager l'usage du bronze. On trouve, en effet, dans certaines stations lacustres de la Suisse française (1), des traces nombreuses d'un âge du cuivre, ce qui manque dans les lacs de la Suisse allemande. Il ne faut d'ailleurs pas oublier que les tombes que nous venons d'étudier, sauf peut-être celles du Boiron, ne sont pas celles des populations lacustres, mais des tribus terriennes qui vivaient à côté.

(1) En particulier Morges, sur le lac Léman et Vinelz, sur le lac de Bienne.

CHAPITRE III

LES RITES FUNÉRAIRES PENDANT L'AGE DU FER (1)

I. LE PLATEAU SUISSE : LES TUMULI.

Pendant l'âge du bronze, la Suisse se subdivisait, au point de vue des rites funéraires, en deux régions, dont l'Aar formait la limite commune.

Durant le premier âge du fer, ou période de Hallstatt, la Suisse se divise également en deux régions, qui diffèrent par le mode de sépulture. Les deux types de tombes en usage pendant cette époque sont le tumulus et la tombe souterraine. Si l'on pointe sur une carte les localités dans lesquelles se rencontrent ces deux formes de tombeaux, on constate qu'elles se répartissent suivant deux groupes bien délimités : les tumuli se rencontrent uniquement dans la partie du pays que les géographes nomment le Plateau, c'est-à-dire dans la région comprise entre le Jura, le Rhin et les Alpes, le lac de Constance et le Léman. Ces tumuli sont soit à inhumation, soit à incinération. Par contre les tombes souterraines sont particulières aux grandes vallées alpestres : du Rhin supérieur, du Tessin, du Rhône.

Pendant le deuxième âge du fer, ou époque gauloise, alors

(1) Heierli, *Urgesch.*, p. 369.
(2) Flachgrab en allemand.

que tout le pays — nous le savons par les auteurs anciens
— est habité par une même population, cette différence dans
les mœurs funéraires disparaît : la tombe souterraine
reste seule en usage, de même que l'inhumation devient le
seul rite employé.

Aire de répartition des tumuli.

Le tumulus, nous l'avons vu, fait son apparition en Suisse,
en même temps que le rite de l'incinération des corps, au

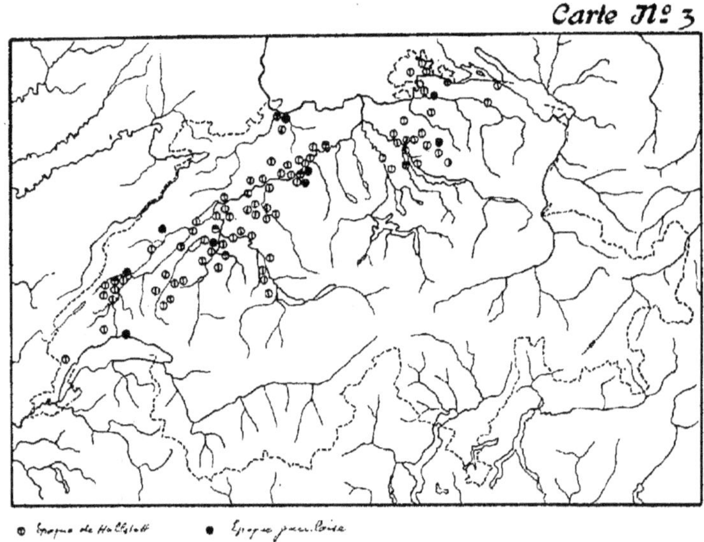

Fig. 9.
Carte des tumuli.

début de l'âge du bronze ; mais il n'est encore employé qu'à
titre exceptionnel.

Ce n'est qu'à l'arrivée des bandes qui apportaient avec
elles les armes de fer, que ce type de tombeau devient commun.

Ces bandes, au point de vue de la civilisation matérielle, comme à celui des rites funéraires, étaient proches parentes de celles qui à la même époque, peuplaient les pays de la rive droite du Rhin et les territoires qui s'étendent le long du pied occidental du Jura.

Les tumuli se rencontrent uniquement sur le Plateau (1). Si nous examinons avec quelque détail leur groupement, nous constatons qu'ils se répartissent en deux groupes séparés par une région plus pauvre.

Le *groupe de l'est* est le moins important. Il comprend d'abord le territoire du canton de Schaffhouse, situé au-delà du Rhin. De là les tumuli se répartissent dans la vallée de la Thur, sur les deux rives de cette rivière, ainsi que le long de la rive gauche du Rhin, sur le bord du lac de Constance. Mais le plus fort contingent se trouve dispersé dans les vallées de la Glatt et de la Limmat, particulièrement au point où ces deux rivières s'élargissent pour former les lacs de Greifensee et de Zurich.

Cette dispersion des tumuli est le résultat des mouvements des tribus du premier âge du fer. Ces bandes hallstattiennes pénétrèrent en Suisse près de l'endroit où le Rhin fait un coude, non loin de sa sortie du lac de Constance. De là, les nouveaux venus se sont éparpillés, en suivant les vallées qui s'ouvraient devant eux, sans jamais s'éloigner du bord de la rivière, sans jamais abandonner les cours d'eau qui leur servaient de guides.

Le *groupe de l'ouest* est de beaucoup le plus important. Il s'étend le long de la vallée de l'Aar. Les tumuli sont tout particulièrement abondants dans la partie du cours du fleuve qui est comprise entre Olten et Soleure. Nous en rencontrons dans toutes les vallées latérales, celles de l'Emme et de la Sarine en particulier. Dans la région des lacs jurassiens, ils se trouvent aussi bien au pied du Jura que dans la vallée

____

(1) Les soi disant tumuli signalés en Valais (*Anzeiger f. schw. Alt.*, 1882, p. 72) ne sont que des buttes naturelles.

de la Broye et s'éparpillent sur tout le pays de Vaud jusqu'au Léman.

Cette grande dispersion des tumuli, le fait qu'ils se rencontrent rarement en groupes nombreux, montre clairement qu'ils sont les tombeaux, non d'une population dense et sédentaire, mais de tribus peu nombreuses et nomades, qui suivent les vallées larges et basses, s'arrêtent et rebroussent chemin dès que la route devient plus étroite et escarpée. Par contre, chaque fois que la vallée forme une grande nappe d'eau, comme les lacs de Pfäffikon, Greifensee, Zurich, Thoune et le Léman, les tumuli se font plus nombreux : c'est que les nomades s'étaient arrêtés plus longtemps en ces endroits.

A de rares exceptions près, les tumuli ne se rencontrent jamais dans les bas-fonds; ils sont toujours placés sur le penchant des collines, et autant que possible dans des lieux d'où l'on jouit d'une vue étendue, et presque toujours à l'orée d'un bois.

Lorsque les tumuli s'élèvent en plaine, ils sont presque toujours placés sur un mouvement de terrain, si faible soit-il, qui leur sert de piédestal. Il est très rare qu'ils s'élèvent sur un terrain marécageux.

Les tumuli se rencontrent généralement par petits groupes. Une seule nécropole en comptait 63 (Lunkhofen, [Argovie]). Les groupes d'une vingtaine de buttes funéraires sont plus fréquents, mais dans la grande majorité des cas, on n'en compte guère plus de dix à douze, plus souvent encore deux ou trois. Fréquemment aussi, ils sont isolés les uns des autres.

Il est donc vraisemblable que ces populations, qui jalonnaient leur route de tumuli, étaient des pasteurs et des chasseurs en déplacements continuels à la suite de leurs troupeaux, et à la recherche de nouveaux terrains de chasse. C'est pour cette raison que les tumuli se rencontrent toujours dans le voisinage d'un cours d'eau pour abreuver le bétail, dans le fond des vallées où les pâturages sont plus abondants, et près des forêts riches en gibier.

Tombes principales et secondaires.

En règle générale, les tumuli paraissent avoir été destinés à ne renfermer qu'une seule tombe, et si un grand nombre d'entre eux en contiennent plusieurs, c'est que ces dernières sont adventices, soit qu'un membre d'une même famille ait été déposé auprès d'un ancêtre, soit plutôt que, par économie de temps et de peine, on se soit souvent borné à déposer le mort dans un tumulus déjà existant.

Il est aussi possible qu'un ancien tombeau, en raison de son caractère même, ait été considéré souvent comme un lieu désirable pour une sépulture nouvelle.

Ces tombes secondaires se reconnaissent à ce qu'elles n'occupent jamais le centre de la butte, et sont souvent à un niveau supérieur à la tombe primitive.

Il existe cependant quelques tumuli qui renferment plusieurs tombes, ou plutôt plusieurs urnes cinéraires contemporaines, sans qu'il soit possible de dire si chaque urne renferme les restes d'un mort, ou si les cendres d'un seul corps ont été réparties dans plusieurs vases.

Dimensions des tumuli.

Les dimensions des tumuli sont assez variables, bien qu'il soit aujourd'hui assez difficile de se rendre un compte exact de leur taille primitive.

Les intempéries, la végétation ont dû, dans la plupart des cas, modifier considérablement la hauteur de la butte au profit de la largeur.

Quelques tumuli sont excessivement petits, à peine visibles au-dessus du sol : l'un n'a pas 4 m. de diamètre et à peine 0 m. 30 de hauteur; tel autre a 6 m. sur 0 m. 50. Quelques-uns, par contre, paraissent avoir eu des dimensions considérables, surtout si l'on songe aux moyens primitifs dont devaient user ces peuplades pour élever ces buttes : 21 m. et plus en diamètre pour une hauteur de 2 à 3 m. (1).

Mais les uns et les autres ne sont que l'exception. En général, un tumulus a une dizaine de mètres de diamètre à la base et une hauteur de 1 m. à 1 m. 50.

Les tribus qui déposaient leurs morts sous tumuli pratiquaient deux rites funéraires bien différents : les unes incinéraient les cadavres ; les autres les inhumaient. Nous allons étudier les tumuli qui recouvrent les cendres des morts, puis ceux dans lesquels le corps est inhumé.

Tumuli a incinération.

La tombe.

La partie principale du tumulus est la tombe. Celle-ci comprend généralement une ou plusieurs urnes, renfermant les restes du corps incinéré : cendres, charbons, fragments d'os calcinés. Souvent l'urne cinéraire est accompagnée de plusieurs autres vases, de formes variées : urnes, plats, écuelles, et de quelques objets de métal (Aarwangen, Bannwil [Berne], Cordast [Fribourg], Lunkhofen [Argovie], Trullikon [Zurich]) (2). Cette urne cinéraire peut être entièrement recouverte d'un tas de cendres provenant du bûcher funéraire, même si le corps n'avait pas été incinéré sur l'emplacement où fut élevé le tumulus.

Très souvent, le tumulus recouvre le sol sur lequel fut construit le bûcher et sur lequel se déroula toute la cérémonie funèbre. L'intensité du feu a carbonisé le sol plus ou moins profondément et les cendres forment encore sur toute la surface occupée par le bûcher une couche épaisse de

----

(1) Roverex près Payerne [Vaud], Wangen [Zurich].

(2) La plupart des tumuli ont été détruits sans avoir été étudiés. Ceux dont nous connaissons les particularités ne sont qu'en petit nombre. Nous devons donc nous borner à signaler, pour chaque cas, seulement les exemples les plus typiques, sans intention d'en dresser une statistique.

plusieurs centimètres, quelquefois même plus épaisse au centre que sur les bords. Lorsqu'il existe un foyer pareil sous un tumulus, on trouve l'urne cinéraire placée au centre (Aarwangen [Berne], Cordast [Fribourg], Lunkhofen [Argovie], Trullikon [Zurich]). Cependant, dans quelques tumuli, le

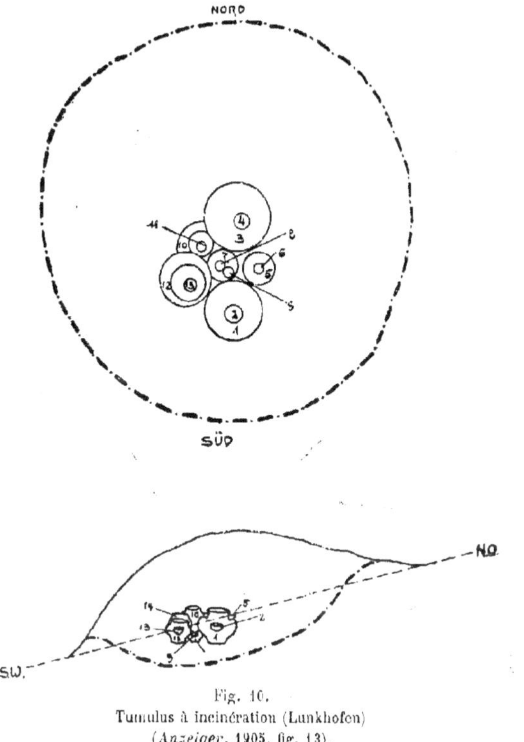

Fig. 10.
Tumulus à incinération (Lunkhofen)
(*Anzeiger*, 1905, fig. 13).

foyer est resté tel qu'il était lorsque le feu s'est éteint : les restes du mort n'ont pas été réunis dans une urne (Neuenegg [Berne]).

Souvent aussi, le tumulus recouvre non pas un seul, mais plusieurs foyers. Ceux-ci sont ou bien de petites dimensions et sur le sol primitif, ou bien ils sont plus étendus et

superposés; ce fait indiquerait, soit que le tumulus a reçu
plusieurs corps incinérés à des époques différentes, soit
que la cérémonie funéraire comportait des rites assez com-
pliqués dont ces foyers sont les traces. Cette dernière hypothèse nous parait être la plus vraisemblable, particulièrement dans le cas où les foyers sont de petites dimensions;
trop petits pour avoir servi à l'incinération de cadavres, ils
doivent être les restes de feux rituels (Langenthal [Berne],
Lunkhofen [Argovie], Ossingen, Höngg [Zurich]).

Construction de la tombe.

Mais la tombe ne se compose pas seulement de l'urne cinéraire et des vases accessoires. Souvent elle est entourée de
constructions protectrices : deux dalles verticales la flanquent
latéralement, ou deux lits en pierres horizontaux, marquent
l'emplacement réservé, et la protègent contre la poussée de
la terre (Lunkhofen [Argovie]); quatre pierres disposées en
carré marquent l'aire de la tombe (Messen [Soleure]). Plusieurs fois, on trouve une énorme dalle, ou plusieurs grosses pierres au-dessus des vases funéraires, les écrasant de
leur poids (Lunkhofen [Argovie], Ossingen [Zurich]).

Une seule fois, l'urne cinéraire était entourée d'un petit
mur de pierres sèches formant une sorte de ciste fermée
par une dalle (Neuenegg [Berne]). Dans un autre tumulus,
la construction est un peu différente : la ciste, au lieu
d'être élevée sur le sol primitif, était creusée dans la terre.
Ses parois étaient revêtues de murs en pierres sèches. Cette
petite chambre renfermait les cendres, sans urne protec-
trice. Une dalle fermait ce petit caveau, et aux quatre angles
de cette dalle de couverture étaient placées de grosses pierres, sur chacune desquelles, ainsi que sur la dalle, on avait
déposé un objet : bracelets de bronze et fermoir de ceinture
(Cordast, [Fribourg]) (1).

(1) Rapport manuscrit de M. de Diesbach dans les Archives de la Soc. d'hist.
de Fribourg.

Construction du tumulus.

La tombe n'est qu'un des éléments du tumulus. Il recouvre le plus souvent un noyau de pierres brutes, amoncelées au-dessus de la tombe, disposées de façon à former une sorte de voûte basse, fort grossière. Comme cette voûte n'était pas appareillée, elle n'a pu résister au poids de la terre, et on la trouve toujours effondrée sur la tombe qu'elle était destinée à abriter (Chabrey [Vaud], Lunkhofen [Argovie], Ossingen [Zurich]). Ce noyau central est de dimensions variables. Il arrive qu'il remplisse tout le tumulus, qui n'est plus recouvert que d'une faible couche

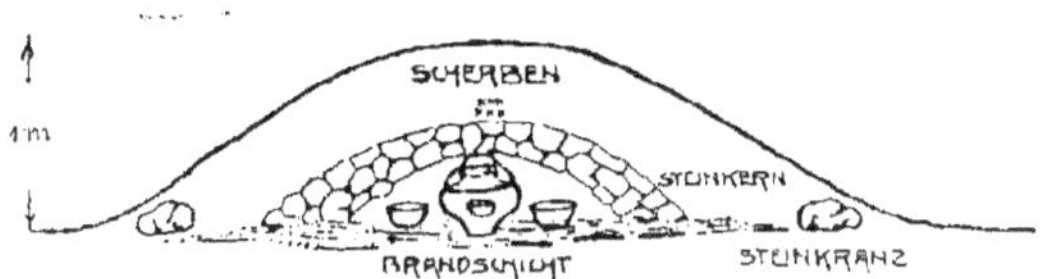

Fig. 11.
Tumulus à noyau de pierres (Lunkhofen)
(Anzeiger, 1905, fig. 48).

d'humus (Neuenegg [Berne], Fehraltorf [Zurich]). D'autres fois le noyau central est complètement massif (Apples [Vaud], Cordast [Fribourg] Neuenegg [Berne]). Dans le tumulus de Vuitebœuf (Vaud), le noyau qui forme l'intérieur du tumulus est divisé en deux parties par une couche de terre horizontale.

Souvent, à la base du tumulus, entourant le noyau, on trouve un *cercle* fait de grosses pierres placées les unes à côté des autres ; plus rarement les pierres du cercle sont espacées ou remplacées par un rang de petites dalles plantées verticalement (Chatonnaye [Fribourg]). Il est généralement à la base du tumulus (Bannwil, Ins [Berne], Cordast [Fribourg], Lunkhofen [Argovie], Höngg [Zurich]). Recouvert aujourd'hui par la terre provenant de l'affaissement du tumulus, il devait être à l'origine extérieur à la butte, et limiter l'emplacement occupé par le foyer ou le tombeau (Thunstetten [Berne], Lunkhofen (Argovie]).

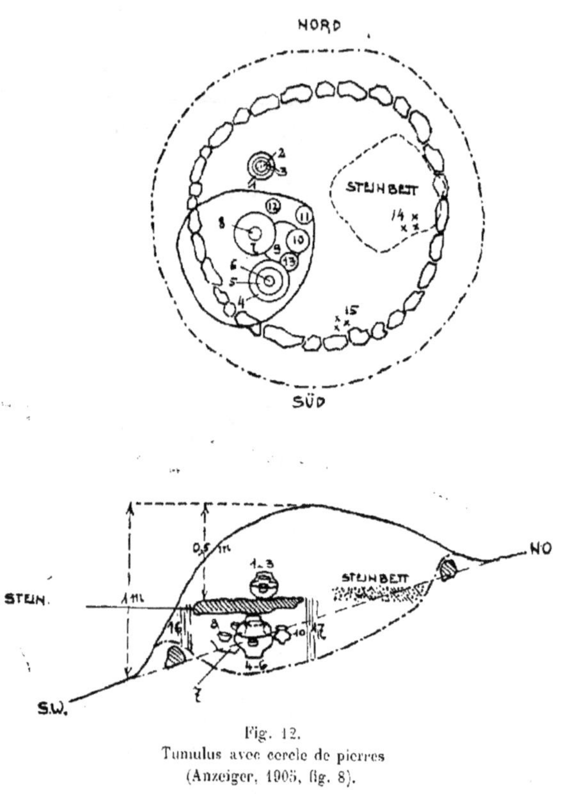

Fig. 12.
Tumulus avec cercle de pierres
(Anzeiger, 1905, fig. 8).

Quelquefois le cercle renferme, non seulement le foyer, mais les foyers multiples de même niveau ou superposés dont nous avons parlé (Lunkhofen [Argovie]).

Dans quelques tumuli, trois ou quatre pierres plus grosses marquent les points cardinaux (Lunkhofen).

Quelques buttes funéraires recouvrent plusieurs cercles concentriques, soit placés au même niveau, soit superposés (Lunkhofen).

Une fois, l'aire du cercle était pavée (Trullikon [Zurich]).

Quelquefois, mais rarement, le cercle, au lieu d'être à la périphérie du tumulus, entoure directement la sépulture centrale non recouverte d'un noyau (Höngg [Zurich], Ins [Berne]).

Dans quelques cas, le tumulus recouvre un *pavé*; parfois celui-ci occupe toute l'aire et sert de base au foyer (Thunstetten, Neuenegg [Berne]). D'autres fois au contraire le pavé recouvre le foyer (Lunkhofen [Argovie]). Ou bien il se trouve à mi-hauteur et divise la butte en tranches horizontales (Trullikon [Zurich]). Cependant ces grands pavés sont assez rares. Plus souvent, ils se réduisent à des *lits de pierres*, de faibles dimensions. Ce ou ces lits (car il peut y en avoir plusieurs), peuvent occuper des positions très variées : au sommet du tumulus (Lunkhofen [Argovie], Obergösgen [Soleure]); sur les flancs (Obergösgen); à l'intérieur du tumulus, à mi-hauteur (Wohlen ([Berne]). Mais plus généralement, ils sont à la base du tumulus, au centre ou sur les bords (Bannwil [Berne], Lunkhofen [Argovie], Bülach [Zurich]).

Leurs contours sont presque toujours irréguliers. Cependant, quelques-uns ont une forme géométrique, un cercle, un carré, un demi-cercle. A Bannwil (Berne), l'un de ces lits rectangulaires a ses angles marqués par de grosses pierres; à Cordast (Fribourg), un lit rectangulaire est plus épais au centre que sur les bords et le centre est marqué par une grosse pierre.

Lorsqu'il y a plusieurs lits de pierres dans un tumulus, ils sont soit au même niveau (Cordast [Fribourg], soit superposés (Cordast, [Fribourg], Seebach [Zurich]).

Ces différents assemblages de pierres se combinent de diverses façons : tantôt le noyau central est entouré d'un cercle de pierres, tantôt ce dernier renferme un ou plusieurs lits de pierres.

Il faut encore mentionner que, très fréquemment, les pierres qui ont servi à construire les noyaux centraux, ou les pavages, portent des fortes traces de feu. Elles ont dû servir auparavant à la construction du bûcher dont les cendres sont souvent mêlées à la terre qui a servi à élever le tumulus.

Quelques tumuli ont été élevés autour d'un *bloc erratique*. Dans ce cas la tombe, ne pouvant être placée sous le bloc, se trouve à côté (Bannwil, Meikisch, Muhleberg [Berne]). Une fois même, le tumulus recouvrait trois blocs superposés sous lesquels avait été déposé la tombe (Wallisellen [Zurich]).

Si l'immense majorité des tumuli recouvrent les restes d'un corps, il en existe cependant quelques-uns dans lesquels on ne trouve pas trace de tombe. Ces tumuli recouvrent des tas de charbons (Affoltern [Zurich]), des poches de cendres (Aarwangen [Berne]), quelques objets (Lyssach [Berne]), quelquefois même un simple noyau de pierres, sans objets, sans trace de feu, ou seulement quelques foyers superposés (Apples [Vaud], Bannwil [Berne], Trullikon [Zurich]).

Ces particularités de constructions des tumuli ne sont pas spéciales à ceux qui renferment les tombes à incinération, mais se retrouvent aussi dans ceux qui recouvrent des corps inhumés ; d'autre part, dans le même groupe de tumuli, on rencontre tous les types d'architecture tumulaire, soit isolés, soit combinés. Telle tribu ne déposait pas ses morts sous un noyau de pierres, telle autre ne les entourait pas d'un cercle de pierres. La structure interne du tumulus paraît livrée à la fantaisie. Elle semble dépendre de circonstances fortuites : importance du personnage en l'honneur de qui le tombeau est élevé, ou abondance dans la région de pierres propres à élever le monument.

Un exemple typique de ce fait nous est fourni par la nécropole de Lunkhofen (Argovie). Celle-ci compte soixante-trois tumuli, dont le mobilier est d'une homogénéité remarquable : types de vases semblables, absence d'objets en métal, incinération des corps (1). Ces tombeaux ont donc été élevés par

---

(1) Les quelques tombes à inhumation sont des tombes secondaires d'époque postérieure.

un seul et même groupe humain, dans un espace de temps relativement court. Cependant la construction de ces tombeaux présente la plus grande variété. Nous y rencontrons toutes les formes que nous venons d'étudier, depuis le tumulus de terre sans noyau central jusqu'à celui qui renferme plusieurs éléments de construction combinés ensemble.

TUMULI A INHUMATION

Construction

Les tumuli à inhumation se composent des mêmes éléments que les tumuli à incinération, à l'exception d'un seul toutefois : le grand foyer sur lequel avait été incinéré le mort.

Quelques tumuli contiennent, en effet, de petits foyers qui ont dû jouer un rôle dans les cérémonies funéraires.

La Tombe.

Les tumuli à inhumation recouvraient, la plupart du temps, un seul corps. Cependant, quelques-uns d'entre eux renfermaient plusieurs squelettes. Ceux-ci avaient été inhumés simultanément, ou successivement, comme cela nous paraît être le cas le plus souvent.

Lorsqu'il y a plusieurs inhumations dans un même tumulus, les corps se trouvent, soit au même niveau, sur le sol primitif, soit disposés au hasard (Ferrenbalm [Berne], Boffens, Gingins [Vaud]). Quelquefois un certain ordre a présidé au placement des corps (Hermrigen [Berne]).

Les morts étaient inhumés généralement dans leur costume habituel, avec tous leurs ornements. Certains corps qui n'avaient avec eux aucun objet étaient sans doute les restes de personnages peu importants, peut-être des esclaves.

Construction de la tombe.

Le plus souvent le corps est simplement étendu sur le sol
et recouvert par la butte funéraire. Il a, parfois, une pierre
sous la tête comme oreiller (Zurich, Kirchdorf [Zurich]).
Dans quelques cas, la tombe est marquée par un rang de
pierres ou par un entourage complet (Trullikon, Kilchberg
[Zurich]).

D'autres fois, le mort est recouvert par une voûte de
pierres semblable à celle des tumuli à incinération (Tschugg
[Berne], Chatonnaye [Fribourg], Kirchdorf, Trullikon
[Zurich]).

Ailleurs le mort reposait sous une couche de terre placée
à mi-hauteur entre deux lits de pierres formant la base et le
sommet du tumulus (Neuenegg [Berne], Rance [Vaud]).

Dans un tumulus, les os du ou des morts sont dispersés
parmi les pierres qui forment le noyau central (Kilchberg
[Zurich]). Il ne saurait, dans ce cas, y avoir de doute : les
corps avant de trouver leur dernière demeure sous le tumulus
avaient été *décharnés*, ainsi que nous l'avons déjà vu prati-
quer à l'époque du bronze, soit artificiellement, soit par un
séjour plus ou moins prolongé dans une tombe provisoire.
Il est intéressant de trouver pendant l'époque du fer la survivance d'un rite en usage à l'époque antérieure. Ce tumulus
est d'ailleurs le seul en Suisse où ce rite ait été observé.

Tumuli contenant des tombes de l'un et l'autre rite.

A côté des tumuli dans lesquels l'un des deux rites, incinération ou inhumation, se rencontre seul à l'exclusion
de l'autre, on en trouve un certain nombre qui recouvrent
les cendres d'un mort et les restes inhumés d'un ou de
plusieurs autres. Dans la plupart des cas, il est malheureusement impossible d'établir si les deux sépultures sont
contemporaines. Dans quelques cas cependant, il semble

bien que le mort en l'honneur duquel fut élevé le tumulus a été incinéré, et que les cadavres inhumés sont ceux de suivants, probablement immolés. C'est notamment le cas pour le tumulus de Lausanne [Vaud] qui recouvrait les ossements de quatre femmes, dispersés parmi les pierres du noyau central, tandis qu'au sommet de ce noyau, enfermées dans quatre vases, étaient les cendres d'un corps incinéré.

C'est aussi le cas d'un tumulus de Dörflingen [Schaffhouse]. Sous le noyau central, sur un foyer, est une urne cinéraire accompagnée de quelques vases. A côté repose le corps richement paré d'une femme, sans doute l'épouse immolée d'un chef incinéré. Il est en effet à remarquer que chaque fois que nous avons des renseignements sur le sexe du ou des personnages inhumés, on constate qu'il s'agit de femmes. L'hypothèse de sacrifices humains est donc fort vraisemblable.

Mais le plus souvent il est impossible de déterminer à quel rite appartient la tombe principale. C'est notamment le cas des tumuli de Pratteln et Muttenz [Bâle], de Wangen [Zurich] qui renferment jusqu'à vingt tombes, les unes à inhumation, les autres à incinération.

Age des tumuli.

Si maintenant nous recherchons à quelle époque appartiennent ces tumuli, nous constatons que presque tous remontent à la seconde période du premier âge du fer. Parmi les objets les plus caractéristiques provenant de ces tumuli, nous pouvons citer les fibules à timbales, les fibules à arc serpentant (serpentiformes et cornues), les plaques de ceintures avec ornements géométriques repoussés, les brassards en bronze et en lignite, les ornements formés de cercles concentriques entourant une plaque centrale ajourée (fig. 13) (bouclier de pudeur? umbo de bouclier?), les grelots ajourés.

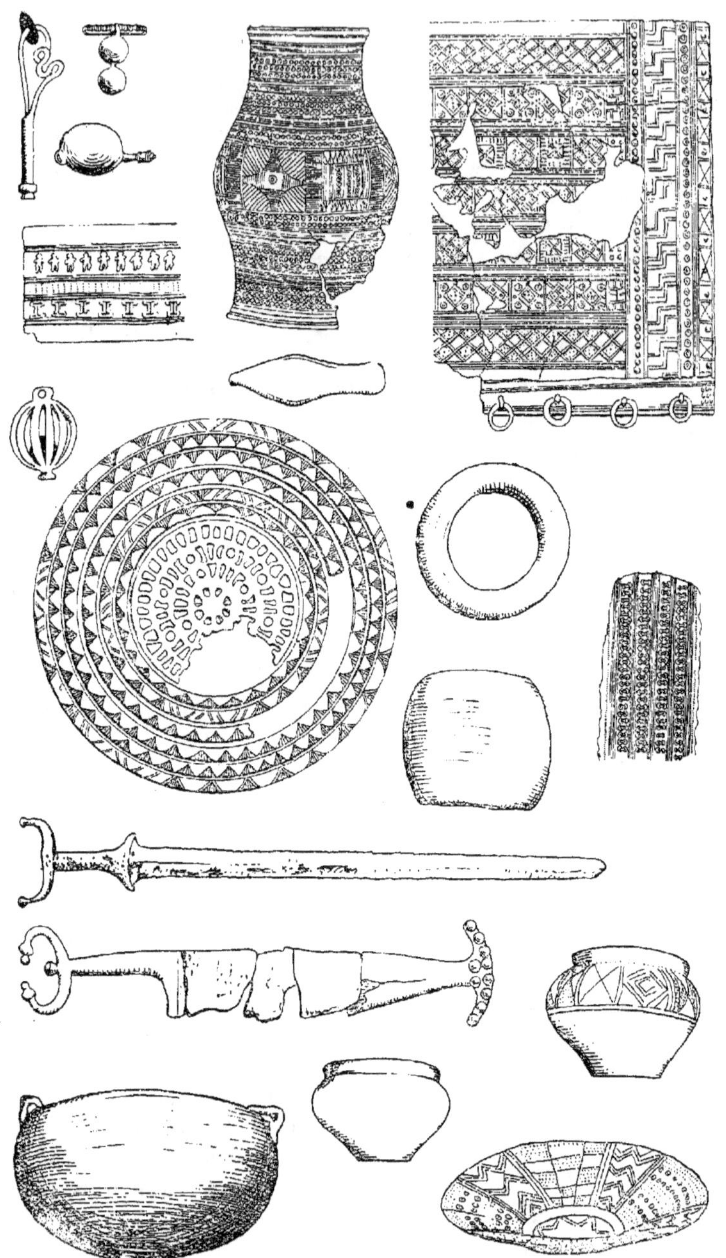

Fig. 13.
Époque de Hallstatt, choix d'objets provenant de tumuli.

Quelques tumuli seulement appartiennent au deuxième âge du fer, et seulement au début de cette période (1).

Fréquence relative des deux rites funéraires.

Sur cent quarante-six tumuli pour lesquels nous savons comment ont été traités les morts qu'ils recouvrent, nous constatons que cent renferment des incinérations et quarante-six seulement des corps inhumés. Nous voyons donc que l'incinération est beaucoup plus fréquente (un peu plus du double) que l'inhumation.

Sur ces cent tumuli à incinération, six tombes (2) seulement

Carte № 4

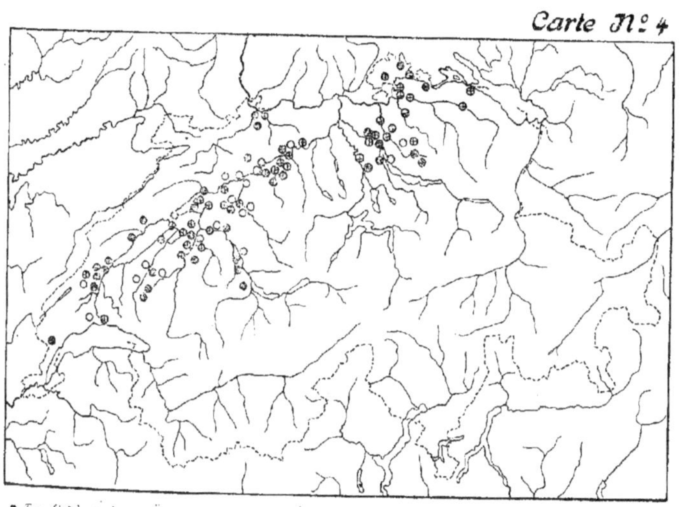

Fig. 14.

Carte de répartition des rites funéraires.

appartiennent aux deuxième âge de fer. Sur les quarante-

(1) Nous n'avons compté sur près de cent tumuli fouillés, que neuf appartenant au La Tène I.

(2) Certains tumuli renferment plusieurs tombes.

six tumuli à inhumation, dix-huit tombes remontent à l'époque de La Tène I.

Si nous examinons la répartition des tumuli des deux rites sur le sol suisse, nous constatons que l'incinération et l'inhumation se mêlent dans les mêmes nécropoles, cependant de façon très inégale. Ainsi dans la nécropole de Lunkhofen déjà citée, sur soixante-trois tumuli fouillés, tous à incinération, on ne compte que trois tombes à inhumation.

Le rite de l'inhumation devient de plus en plus fréquent à mesure que l'on se rapproche du Jura. Il est plus fréquent sur le plateau vaudois et au pied du Jura que sur les bords de l'Aar ou de la Limmat.

Il semblerait donc que les tribus d'incinérants pénétrèrent sur notre sol en traversant le Rhin, tandis que les inhumants arrivaient de l'ouest.

C'est en Suisse, particulièrement en Suisse française, que la rencontre des deux groupes eut lieu.

Cependant, certains grands tumuli, comme ceux de Muttenz et de Pratteln (Bâle) et celui de Wangen (Zurich), renferment un grand nombre de tombes, dont les unes sont à inhumation, les autres à incinération.

Les cérémonies funéraires.

Grâce au grand nombre d'observations faites au cours des fouilles de tumuli, il nous est possible de nous faire une idée assez exacte des cérémonies qui accompagnaient soit l'incinération, soit l'inhumation du mort.

a) Cérémonies accompagnant l'incinération d'un corps.

Ces cérémonies devaient présenter, dans toutes les familles hallstattiennes, de grandes analogies. Cependant, si le fond des croyances devait être partout le même, nombreux et variés étaient les rites particuliers à tel ou tel groupe.

Remarquons aussi qu'il n'existe aucun rapport entre ces rites et la structure des tumuli.

Le mort était incinéré soit sur l'emplacement où devait s'élever le tumulus, soit en dehors. Dans le premier cas, on

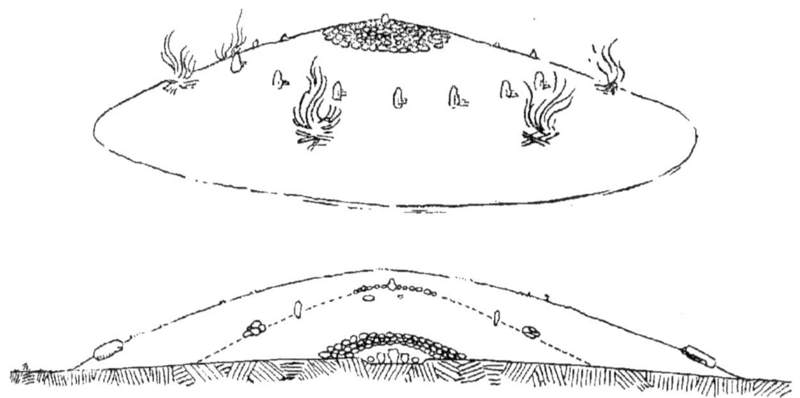

Fig. 15.
Tumulus de Zollikon (Zurich).

commençait par aplanir l'aire sur laquelle devait se dérouler la cérémonie ; quelquefois même on la recouvrait d'un pavé qui servait de base au foyer (Lunkhofen [Argovie], Neuenegg [Berne]). D'autres fois au contraire, on creusait une sorte de cuvette au fond de laquelle était élevé le bûcher (Zollikon [Zurich]).

Le bûcher était construit avec du bois pris à la forêt voisine, auquel on mêlait quelques grosses pierres destinées à maintenir un écart entre les bûches et à faciliter la combustion de la masse. Ces pierres servaient ensuite à la construction du noyau ou du lit de pierres qui occupait l'intérieur du tumulus.

Le mort était déposé sur le bûcher, mais dépouillé de ses ornements. Il est en effet très rare de trouver dans le mobilier funéraire des objets portant des traces de feu. Dans les tumuli de Lunkhofen [Argovie] on trouva quelques fragments de bracelets en partie fondus. Dans ce cas, il s'agit sans doute de présents faits au mort, d'objets jetés par les assistants sur le bûcher au cours de la cérémonie.

Une fois le corps consumé et le bûcher éteint, les débris du squelette étaient réunis dans une urne qui était déposée sur le foyer même, au milieu des cendres (Lunkhofen [Argovie], Kreuzlingen [Thurgovie]). Cependant, l'opération n'était pas toujours conduite avec tant de soin qu'il ne restât quelques fragments d'os parmi les cendres (Obergösgen [Soleure], Lunkhofen [Argovie]).

Dans certains cas, on laissait le foyer intact, tel qu'il se trouvait lors de l'achèvement de la combustion, et l'on recouvrait le tout par la butte funéraire (Neuenegg [Berne]). A côté de l'urne, on déposait les objets qui avaient appartenu au mort et ceux qui constituaient l'offrande funéraire.

Lorsque le corps était incinéré en dehors du tumulus, les cendres résultant de la combustion du bûcher étaient incorporées à la terre qui servait à élever la butte.

Fréquemment on constate dans la terre des tumuli des fragments de vases dispersés dans toute la masse (Obergösgen [Soleure], Kreuzlingen [Thurgovie]). Généralement ce sont des fragments informes et qui ne permettent pas de reconstituer la forme du vase. Il y a cependant quelques cas où l'on a pu reconstituer un vase avec les fragments trouvés épars dans la terre des tumulus (Obergösgen [Soleure]). Pourquoi ces vases brisés?

Nous trouvons peut-être une réponse à cette question dans les croyances des peuples primitifs. Chez grand nombre de peuples, le mort devenait sacré, *tabou*, pour employer l'expression consacrée. Non seulement le mort devenait tabou, mais encore il communiquait sa vertu à tout ce qui entrait en contact avec lui, aussi bien aux objets qui lui avaient appartenu qu'à ceux qui servaient aux cérémonies funéraires. De là ces purifications qui accompagnaient les funérailles. De là aussi, sans doute, l'usage de briser les vases qui avaient servi aux cérémonies et aux repas funéraires.

Dans quelques tumuli on constate la présence d'abondants débris de chêne : lits de feuilles de chêne à la base du tumulus (Lunkhofen [Argovie]), tas de glands, à l'état naturel (Neuenegg [Berne]) ou carbonisés (Kallnach, Niederbipp, Thunstetten [Berne]). Ces dépôts de glands se rencontrent aussi bien dans les tumuli à incinération que là où il y a inhumation.

Nous savons par Pline que, chez les Gaulois, le chêne était l'arbre des bois sacrés et que l'on n'accomplissait aucune cérémonie où son feuillage ne fût employé (1). Or, les archéologues sont aujourd'hui à peu près d'accord pour admettre que les Gaulois sont les descendants des hommes des tumuli.

A côté de l'urne cinéraire, on déposait non seulement des présents, mais encore des vivres, provisions de route pour le grand voyage. Certains tumuli renferment, outre l'urne cinéraire, un grand nombre de vases dont plusieurs sont fermés par une assiette faisant fonction de couvercle. Ces vases, aujourd'hui vides, avaient certainement dû contenir des liquides, lait ou boissons fermentées. L'un d'eux renfermait encore des graines de froment (Lunkhofen [Argovie]).

A ces boissons, on ajoutait des quartiers de viande dont on retrouve les os (Lunkhofen [Argovie], Lausanne [Vaud]).

Dans plusieurs tumuli, on a trouvé les restes d'un animal qui avait dû être sacrifié sur la tombe au moment de la cérémonie funéraire. A Lunkhofen, c'étaient un porc et un bœuf ; à Kreuzlingen, les restes d'un jeune porc qui a été incinéré et déposé à côté de l'urne ; à Thunstetten, c'était un bœuf, dont l'avant-train brûlé a été retrouvé dans le noyau du tumulus, tandis que l'arrière-train était inhumé avec les os d'un gros oiseau dont on ne donne pas le nom. Enfin à Zollikon et à Obergösgen, ce sont de jeunes porcs inhumés entiers (2).

---

(1) Dottin, *Antiquité celtique*, p. 249.
(2) A propos de ces offrandes de porcs, il est intéressant de mentionner

Dans les urnes que nous avons considérées comme ayant renfermé des liquides, on trouve souvent un petit vase, placé à l'intérieur du grand. Le même petit vase se retrouve aussi dans l'urne cinéraire, posé sur les cendres. Dans ce dernier cas, il avait sans doute été rempli d'un liquide, boisson ou sang de quelque bête sacrifiée.

Nous avons déjà indiqué que les sacrifices d'animaux ne sont pas les seuls dont nous trouvions des traces. Il est probable que, sur la tombe des chefs, des victimes humaines étaient immolées. De tels sacrifices étaient encore fréquents dans la Gaule, au témoignage de César.

Nous avons mentionné un tumulus (Dörflingen [Schaffhouse]) qui renfermait deux corps, l'un, incinéré, reposant sous le noyau central; l'autre inhumé, placé à l'extérieur, était le corps d'une femme, immolée sur le tombeau de son mari.

Nous avons également cité le tumulus de Lausanne [Vaud], qui était élevé autour d'un bloc erratique. Celui-ci portait au sommet quatre cupules. Sur l'une des faces latérales était une rainure verticale qui aboutissait à un vase placé à la base. A côté du bloc était placée une urne cinéraire, tandis que dans la masse du tumulus étaient dispersés une douzaine de corps inhumés, jetés au hasard : sans doute des victimes immolées sur la tombe de quelque chef.

Cérémonies accompagnant l'inhumation d'un corps.

Les tumuli à inhumation sont les moins nombreux, et, par un malheureux hasard, ceux-ci ont été en général étudié avec beaucoup moins de soin. Aussi les renseignements sur les coutumes funéraires font-ils à peu près défaut.

---

que, chez les Romains, pour consacrer une tombe, on y sacrifiait un porc. Peut-être les deux rites ont-ils une origine commune. Saglio. *Dict. des Antiq. rom.*, art. Funus.

Nous n'avons à signaler que la présence d'un morceau de
soufre (Pratteln [Bâle]) ou d'un tas de charbons (Buttnen
[Soleure]), à côté du corps.

Les tombes à inhumation sont orientées. Nous avons vu
qu'aux époques antérieures, l'orientation de la tombe avait
une certaine importance : le corps est généralement placé
de telle façon que ses regards soient dirigés vers le soleil
levant.

Cette orientation a perdu de son importance à l'époque de
Hallstatt. Non seulement, on constate que les morts sont
placés dans des directions diverses, souvent N.-S. ou O.-E.,
quelquefois NE.-SO. ou SE-NO, mais encore, sous les tumuli
qui recouvrent plusieurs corps, ceux-ci sont-ils toujours
orientés diversement (Pratteln, Muttenz [Bâle], Ossingen
[Zurich], Lausanne [Vaud]).

Tombes à char.

De nombreux tumuli hallstattiens renferment des restes
de char, ou des parties de char. Les tombes à char sont
fréquentes au nord-est de la France à l'époque de La Tène,
dans les tombes souterraines (1). Par contre, en Suisse, le
char fait absolument défaut dans les tombes souterraines
appartenant au deuxième âge du fer.

Le char est toujours placé sous un tumulus et en dehors
de la construction de pierre qui recouvre la tombe (Berne,
Ins, Meikirch [Berne], Cordast, Duedingen [Fribourg],
Rances [Vaud]). Une seule fois, on trouve, sous la voûte de
pierre qui recouvrait l'urne cinéraire, les restes d'un char à
deux roues démonté. La caisse du char était garnie d'un
treillage de bronze (Ins [Berne]). Ce tumulus renfermait
même deux chars : celui dont nous venons de parler qui
était à deux roues et un second char à quatre roues, placé
au-dessus du noyau de pierre. La caisse de ce char servait

____

(1) Rappelons seulement ici la célèbre tombe de la Gorge-Meillet.

de cercueil et renfermait les reste d'un homme. Un autre tumulus de cette même nécropole recouvrait un char à deux roues dans la caisse duquel était inhumé un personnage.

Il est intéressant de noter que tous les tumuli à chars appartiennent à la Suisse occidentale et se rencontrent entre le Jura et l'Aar.

Les tumuli recouvrant un char complet sont assez rares. Généralement, ils ne renferment que des roues de char, en plus ou moins grand nombre : on en a compté jusqu'à dix et plus, placées en tas (Duedingen [Fribourg], Meikirch [Berne]).

Lorsque le char est complet, il est probable qu'il a été placé dans la tombe au même titre que les armes et les objets de parures des morts. Cependant, dans l'esprit des parents, il devait tout particulièrement faciliter au mort le grand voyage, en lui permettant de l'accomplir sans fatigue.

C'est dans le même but sans doute, que l'on plaçait seulement des roues dans les tombes; celles-ci n'étaient plus qu'un symbole destiné à rappeler le char funéraire.

Virgile (1) dit que l'on avait coutume de déposer comme offrande dans la tombe des roues et des rouelles.

> Hinc alii spolia occisis derepta Latinis
> Conjiciunt igni, galeas, ensesque decoros
> Frenaque, ferventesque rotas. (Enéide, livre II.)

Or, il ne faut pas oublier que Virgile, natif de Mantoue, avait été élevé en plein pays gaulois et que le rite qu'il cite était vraisemblablement d'origine gauloise.

Ces tombes à char hallstattiennes sont à rapprocher des tombes à navire des Vikings. Les barques des Vikings, placées dans les tombeaux, avaient aussi pour objets d'aider le mort à gagner sa dernière demeure. C'est à quoi servaient également les barques funéraires égyptiennes : dans le caveau, on déposait aux côtés du mort un petit modèle de navire en bois monté par des matelots sculptés. Souvent même, on se bornait à graver la barque sur la paroi de la tombe (2).

(1) Cités par Bonstetten, *Recueil d'antiquités suisses*, suppl. II, p. 11.
(2) Perrot et Chipiez, *Hist. de l'Art*. 1. fig. 139.

CHAPITRE IV

Aire de répartition des tombes.

Si nous pointons sur une carte toutes les localités auprès desquelles ont été trouvées des tombes souterraines, soit isolées, soit réunies en cimetières, et si nous comparons la carte ainsi obtenue avec celle que nous avons dressée pour les tumuli, nous constaterons que les deux aires coïncident, à peu de chose près.

En partant du nord, c'est-à-dire de la rive du Rhin, nous voyons d'abord que le canton de Schaffhouse, si riche en tumuli relativement à son étendue, n'a jusqu'à ce jour livré aucune tombe souterraine. Il nous faut descendre jusqu'à la vallée de la Thur pour rencontrer quelques tombes isolées.

Les tombes souterraines forment deux groupes principaux; l'un, que nous appellerons groupe oriental, comprend les vallées de la Glatt, de la Limmat et de la Reuss, trois rivières qui coulent presque parallèlement.

De nombreuses petites vallées latérales de l'Aar, fort pauvres en tombes, séparent ce groupe du suivant. Dans cette région, un seul cimetière de quelque importance : celui de Muttenz (près Bâle).

Le groupe occidental commence avec la vallée de l'Emme ; mais son centre se trouve aux environs de la ville de Berne, sur l'Aar, et s'étend même jusqu'à la sortie de cette rivière du lac de Thoune. Il y a là une quantité

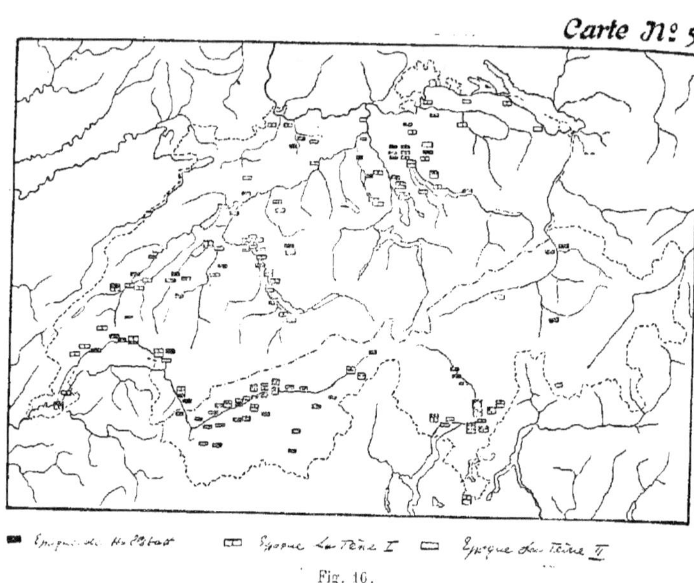

Fig. 16.
Carte des tombes à fleur de sol.

incroyable de cimetières échelonnés sur les deux versants de la vallée ; mais c'est particulièrement aux environs immédiats de la ville de Berne que cette abondance est le plus remarquable. Dans le seul district de ce nom, on ne compte pas moins de 18 cimetières plus ou moins importants.

On trouve quelques tombes dans la vallée de la Sarine, affluent de l'Aar, et sur les deux rives du lac de Neuchâtel : au pied du Jura et dans la vallée de la Broye, jusqu'au défilé du Rhône d'une part et à celui de St-Maurice d'autre part.

Les tumuli de l'époque de Hallstatt se trouvaient surtout dans les forêts. Les tombes souterraines se rencontrent uniquement dans les lieux découverts, surtout dans les vallées larges et fertiles, sur les rives des principales rivières et des principaux lacs, sur le penchant des coteaux ; les fosses sont de préférence creusées dans les gravières où le terrain est sec.

Ces tombes sont surtout groupées en cimetières dont quelques-uns comptent jusqu'à 200 tombes et plus. C'est que ces nouvelles populations étaient stables, groupées en villages, et non, comme les Hallstattiens, des bandes de nomades.

A l'époque romaine, l'Helvétie eut deux capitales, l'une civile et administrative : Aventicum ; l'autre militaire : Vindonissa. Ces deux localités, qui sont depuis une cinquantaine d'années le champ de fouilles étendues, sont d'une pauvreté remarquable en objets gaulois : pas une tombe ne rappelle les premiers possesseurs du sol. Nous devons donc en conclure que ces deux centres n'avaient que peu d'importance à l'époque de l'indépendance : ce sont des créations artificielles des conquérants.

Un coup d'œil jeté sur la carte nous montre où se trouvaient les centres gaulois : c'était autour des villes modernes de Berne et Zurich, situées à peu de distance des deux villes romaines. C'est là que les nouveaux venus se réunirent, non pour fonder des bourgades dont il n'existe nulle trace, mais plus vraisemblablement en une série de petits centres, comprenant chacun une ou deux familles dont nous retrouvons aujourd'hui des tombeaux.

Si les Romains avaient abandonné Zurich pour Vindonissa, c'est que cette dernière localité se prêtait mieux à l'établissement du camp projeté.

Si Berne fut délaissée au profit d'Avenches, c'est que cette ville se trouvait à la jonction de plusieurs des routes importantes de l'Empire, en particulier sur la grande voie de l'Italie à la frontière nord.

Lorsque les Romains, créateurs des villes d'Avenches et Windisch disparurent, celles-ci perdirent toute importance et demeurèrent jusqu'à nos jours de tout petits centres.

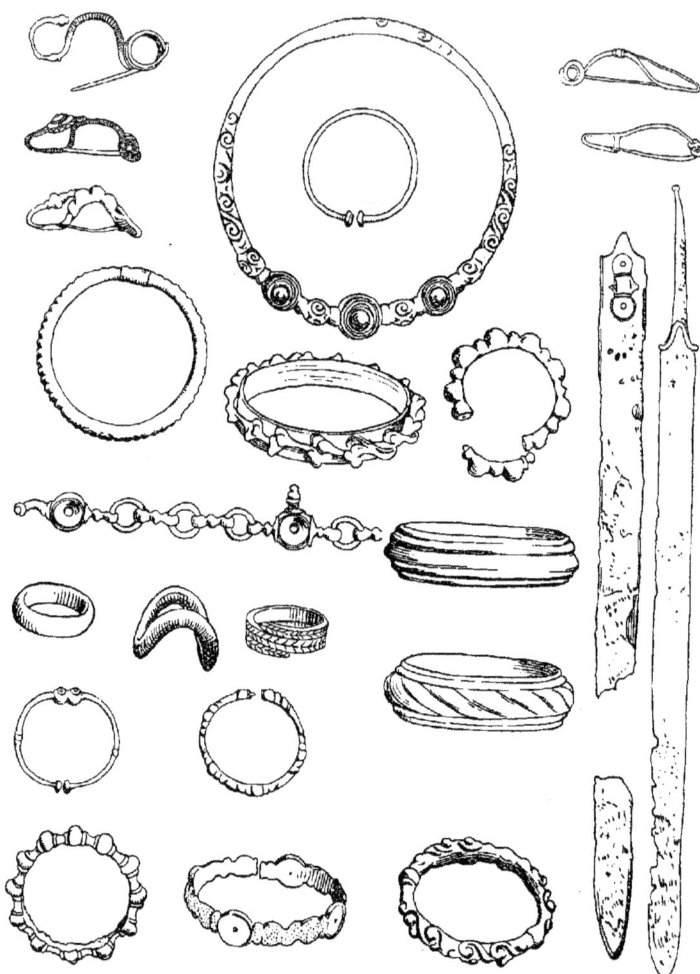

Fig. 17.
Choix d'objets provenant des tombes souterraines de l'époque gauloise.

Par contre, la vie reprit sur les deux points abandonnés
des Romains et il se fondait là deux des villes les plus im-

portantes de la Suisse, dont l'une, Berne, est demeurée la capitale, tandis que Zurich en devenait le principal marché.

Le mobilier funéraire trouvé dans ces tombes souterraines montre qu'elles appartiennent à trois époques successives. Quelques-unes, (10 seulement), appartiennent à la fin de l'époque de Hallstatt et sont contemporaines des tumuli. — Les autres, c'est-à-dire l'immense majorité, remontent aux deux phases de l'époque gauloise, La Tène I et II.

Les tombes souterraines de l'époque de Hallstatt forment deux groupes : l'un se trouve dans les vallées de la Limmat et de la Glatt, dans la Suisse orientale. Leur construction rappelle celle des tombes de même époque de la vallée du Tessin. Le second groupe est situé dans la plaine du Rhône et sur les rives du Léman : il est en étroite corrélation avec les tombes du même âge de la vallée du Rhône.

Mais si, par leur construction, ces tombes se rattachent à celles des vallées alpestres, par leur mobilier funéraire, elles appartiennent à la civilisation des tumuli : elles sont peut-être même l'œuvre d'un même peuple. On y retrouve en effet les objets les plus caractéristiques des tumuli : de larges brassards en bronze ou en jaïet, des umbos de boucliers à cercles concentriques, des plaques de ceintures estampées, des fibules à timbales ou à barque.

Construction des tombes.

Les tombes souterraines du type le plus simple et le plus fréquent sont de simples fosses creusées dans le sol. Elles se rencontrent par centaines et sont presque toujours dans des gravières. Dans les régions où il n'existe pas de gravières naturelles, la fosse est descendue jusqu'au gravier qui forme presque partout le sous-sol ; aussi la profondeur à laquelle se rencontrent les corps est-elle très variable.

Une fois le mort couché au fond de la fosse, celle-ci était recomblée.

Fréquemment, pour descendre le corps dans la tombe, on le plaçait sur une planche dont on retrouve les traces au fond de la fosse (Hausen [Argovie], Münsingen [Berne]).

Quelques tombes ont un entourage construit en pierres, afin de protéger plus efficacement le corps du défunt. Quelquefois, il repose sous plusieurs grosses pierres (Ober-Ebersol [Lucerne]), ou sous un lit rectangulaire de gros cailloux (Mettmenstetten [Zurich], Spitalacker [Berne]). Une fois même, ces pierres étaient recouvertes d'une couche de cendres : nous aurons l'occasion de revenir sur cette particularité en étudiant les coutumes funéraires.

Mais le plus souvent, le mort est entouré d'un mur en pierres sèches, ou de dalles plantées verticalement et formant un véritable sarcophage (Echandens, Gimel, Ollon [Vaud]). Ces dalles sont toujours brutes. Lorsque la pierre pouvant se débiter en dalles fait défaut, on la remplace par une pierre tendre pouvant facilement se tailler comme le tuf (Uetliberg [Zurich]).

Ces tombes sont quelquefois fermées par une couverture de dalles (Illnau [Zurich]) ou par un lit de pierres (Seebach [Zurich]). Dans le premier cas, la sépulture était construite dans le but de protéger le mort de tout contact avec la terre. Dans le second cas, la fosse était remplie de terre et le lit de pierres a été établi à une certaine hauteur au-dessus du corps.

Souvent aussi, cette couverture manque. L'espace réservé au défunt est alors marqué par un simple entourage de pierres, qui se réduit même à deux rangs de pierres parallèles (Horgen [Zurich]) ou quelques pierres à la tête et aux pieds (Bex [Vaud]). Une fois même, l'espace réservé à la sépulture était marqué par quatre pierres placées aux angles d'un rectangle (Bülach [Zurich]).

Dans quelques régions où le sous-sol est formé par une pierre tendre, molasse ou tuf, on en avait profité pour y creuser l'auge funéraire (Spiez [Berne], Torny [Vaud]).

Quelques fosses avaient été lambrissées, afin d'empêcher la

terre de s'ébouler sur le cadavre. Ce lambrissage se composait soit d'un cadre complet maintenant les quatre parois de la fosse (La Tour [Vaud]), soit seulement de deux planches renforçant les grands côtés de la tombe (Vevey [Vaud], Münsingen [Berne]).

Les cercueils.

Enfin, apparaissent de véritables cercueils en bois (Vevey, Ecublens [Vaud], Wollishofen [Zurich], Münsingen [Berne]).

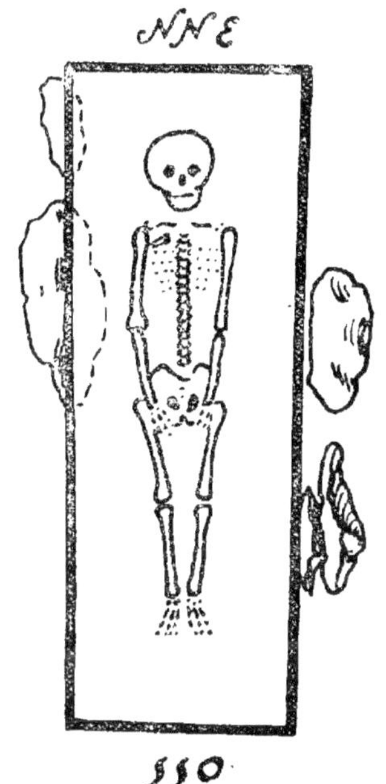

Fig. 18.
Tombe avec cercueil (Vevey).

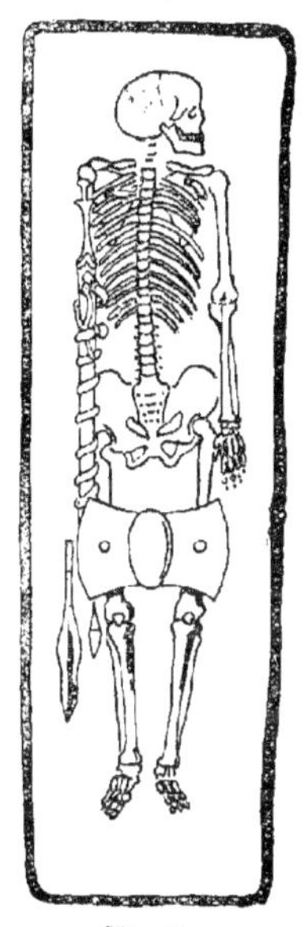

Fig. 19.
Tombe avec cercueil
(Vevey).

Il est assez difficile de se rendre compte de leur forme exacte, car avec le temps, le bois s'est complètement pourri, et les dimensions du cercueil ne sont plus indiquées que par une faible trace de poussière noire. C'est pourquoi il ne

faut accepter qu'avec certaines réserves les restitutions de
cercueils qui ont été proposées (1).

La plus simple est une caisse rectangulaire, faite à la
taille du mort, à parois verticales, avec couvercle plat
(Vevey, Münsingen). Quelquefois cependant, il semble
que les angles de la caisse ont été arrondis. D'autres fois, le
cercueil, pareil à nos bières modernes, est plus étroit aux
pieds qu'à la tête.

Dans plusieurs cas, le cercueil était fermé par un couvercle à deux ou quatre pans.

Enfin quelques cercueils paraissent avoir eu les deux
extrémités arrondies.

Ces cercueils devaient être faits, comme les nôtres, de
planches assemblées. Seulement elles devaient être fixées à
l'aide des chevilles de bois, car on ne retrouve jamais de
clous dans la fosse. Peut-être aussi étaient-ils taillés dans
des troncs d'arbre, comme ce fut le cas dans plusieurs pays
à diverses époques; cependant le peu d'épaisseur des parois
rend cette hypothèse peu probable.

Indices extérieurs de la tombe.

Y avait-il, à l'extérieur, un indice marquant l'emplacement
de la tombe? Probablement : en effet, ces tombes se rencontrent généralement groupées en cimetières souvent de
plusieurs centaines de tombes; elles sont généralement dispersées sans aucun ordre; enfin, il est très rare qu'en
creusant la fosse pour une tombe plus récente, on ait détruit
une tombe plus ancienne, tout cela permet de supposer que
l'emplacement de la tombe devait être repéré sur le sol.

Cependant, jamais aucune fouille n'a encore révélé l'existence d'un signe semblable. Si donc il en existait un, celui-
ci devait être de nature facilement périssable : simple
levée de terre, ou marque de bois.

(1) A. Naef, *Cimetière de Vevey* in *Anzeiger*, 1902-3, passim.

Les rites funéraires.

Dans les tombes souterraines, l'inhumation est constante. Cependant, quelques tombes nous montrent des exemples, en bien petit nombre, il est vrai, de ce rite étrange et même inexpliqué qu'est l'incinération partielle.

En particulier dans le cimetière de Hallstatt (1), on a trouvé des tombes qui ne renferment qu'une partie du corps inhumé, l'autre partie avait été incinérée et les cendres déposées dans la tombe.

A Vevey [Vaud], dans un cercueil, on a trouvé le bassin et les jambes d'un corps inhumé. Toute la partie supérieure du corps, ainsi que les pieds manquaient. Dans le même cimetière, une tombe renfermait un corps inhumé ; seuls les pieds manquaient : à leur place était un petit tas de cendre.

Il est intéressant de retrouver dans un cimetière gaulois la survivance d'un rite qui jusqu'à ce jour n'avait été constaté que dans des tombes du premier âge du fer.

La tombe à fleur de sol ne renferme jamais qu'un seul corps, exception faite des tombes qui contiennent les restes d'une mère et de son enfant, ou de deux jeunes enfants, des frères, sans doute (Münsingen [Berne]).

La position du corps est toujours la même : le mort est couché sur le dos, les jambes étendues, rarement croisées (Vevey [Vaud], Bülach [Zurich]). Les bras sont allongés près du corps, les mains le long des cuisses ou ramenées sur celles-ci. Très rarement, le corps est couché sur le côté (Bülach [Zurich], Münsingen [Berne]). Rarement aussi, une pierre sert d'oreiller au mort (Münsingen [Berne], Gempnach [Fribourg], Hochdorf [Lucerne]).

L'orientation de la tombe est très variable. Dans le grand cimetière de Münsingen, on trouve toutes les orientations possibles. Quelques directions sont cependant légèrement

____

(1) Cf. Sacken, *Grabfeld von Hallstatt*, p. 13.

prédominantes comme : N.-S., E.-O. ou N.E.-S.O. Encore
faut-il remarquer que le corps a indistinctement la tête ou
les pieds tournés vers le même point de l'horizon.

Fréquemment, on trouve dans la tombe, soit sur le corps
soit à côté, un petit tas de charbon. Une fois même, le charbon était soigneusement empilé sur le fer de la lance qui
accompagnait le mort. (Münsingen). Il s'agit donc bien d'un
dépôt rituel, et non, comme on l'a prétendu (1), d'une précau-
tion pour hâter la décomposition des corps. Nous avons
sans doute là un souvenir des banquets funéraires, dont
nous avons déjà constaté tant de traces sous les tumuli et
dans les tombes de l'époque du bronze. On devait déposer
à côté du mort les restes du feu qui avait servi à préparer le
repas funèbre auquel le mort était censé participer. La
couche de cendre qui recouvrait une autre tombe [Berne]
n'avait sans doute pas d'autre origine.

Outre ses vêtements et ses armes, le mort emportait dans
l'autre monde des victuailles. On prenait soin de déposer
à côté de lui des quartiers de viande dont on a retrouvé
les os : en particulier, des pièces de veau. Si le mort rece-
vait en présent des vivres, par contre, on n'avait pas coutume de mettre à côté de lui des boissons. Les vases, si
nombreux dans les tumuli de l'époque précédente, font complètement défaut dans les tombes souterraines. Les boissons devaient être offertes au mort sous forme de libations.

Enfin, une autre coutume semble avoir été importée, celle
de l'obole funéraire. On plaçait dans la main, ou dans la
bouche du mort une pièce de monnaie, souvent en or, destinée à payer son passage dans le séjour des morts. Cette
coutume est tardive et peu répandue. L'on ne compte guère
plus d'une demi-douzaine de tombes renfermant des mon-
naies. Cette coutume, très commune dans l'Europe centrale,
était pratiquée chez les Etrusques et les Romains (2), l'usage

(1) G. de Bonstetten; la même hypothèse a été reprise dans un travail récent :
A. Naef, *Cimetière de Vevey*, in *Anzeiger*, 1901, p. 112.
 (2) Saglio, *Dict. ant. gr. et rom.*, Art. Danake.

en persista longtemps après la chute de l'empire chez les
barbares envahisseurs (1).

*
* *

En résumé, la structure des tombes souterraines présente
une remarquable homogénéité. Depuis 400 environ avant
notre ère, jusqu'aux jours de la conquête romaine, c'est la
tombe en pleine terre à inhumation qui est la règle.

Et cependant la Suisse, qui se trouvait presque au centre du monde gaulois, dut subir alors plus d'une invasion,
et assister au passage de maintes bandes guerrières. Nous
savons qu'en 110 avant J.-C., les Helvètes, à la suite de
l'invasion des Cimbres (2), s'établirent dans le pays qui devait
prendre leur nom. Aucun de ces événements n'a sa réper-
cussion sur les rites funéraires, non plus que sur la civilisation. Celle-ci suit une évolution lente et progressive qui
ne sera interrompue que par la brusque arrivée des Romains.

Il est fort probable que la tribu des Helvètes devait être
très peu nombreuse, bien que guerrière. Les nouveaux venus
s'établirent au pied du Jura, à l'extrémité du lac de Neuchâtel
où ils devaient fonder leur principale place forte : l'établissement de La Tène (3). Un établissement semblable se trouvait non loin de là sur la Zihl (4). Ils devaient occuper en
Suisse un territoire peu étendu, sur lequel s'éleva plus tard
Avenches, la capitale de l'Helvétie romaine.

Entre l'époque de Hallstatt et celle dont il s'agit ici (5), la

(1) Nous l'avons constaté maintes fois dans la grande nécropole barbare de
Kaiser-Augst (Argovie).

(2) D'Arbois de Jubainville, *Premiers Habitants,* II, p. 73.

(3) V. Gross, *La Tène,* Paris, 1888; Vouga, *Les Helvètes à La Tène,* Neuchâtel, 1887.

(4) Pfahlbauten, IX⁰ rapport, Mitth. antiq. XXII, 2.

(5) Le mobilier funéraire de ces tombes appartient à la civilisation de
l'époque de La Tène, qui est celle des tribus gauloises qui occupent l'Europe
centrale et occidentale au IVᵉ s. Nous reviendrons sur ce sujet dans un autre
travail où nous nous occuperons spécialement du mobilier funéraire.

population de la Suisse présente au contraire de grandes différences de mœurs et de genre de vie. Le peuple des tumuli était nomade et semait ses tombeaux le long de sa route. Les tribus des tombes souterraines étaient sédentaires et enterraient leurs morts dans des nécropoles, souvent fort considérables, où les morts furent inhumés sans interruption pendant plusieurs centaines d'années.

CHAPITRE V

La région que nous désignons sous le nom de Vallées
Alpestres comprend près d'un tiers du territoire suisse et
est formée des trois cantons du Valais — ou vallée du Rhône,
des Grisons — ou vallée du Rhin supérieur, du Tessin, — ou
vallée du Tessin supérieur. Ces trois cantons présentent un
caractère commun. Ils sont chacun formés d'une vallée
longue, étroite et profonde, fermée de chaque côté par de
puissants massifs alpestres, profondément découpés, et flan-
quée de vallées latérales plus ou moins longues, toujours
très étroites, et sauvages, souvent difficiles d'accès.

Seule la vallée centrale est facile à cultiver, encore
que son fond soit à la merci de la rivière qui l'arrose et dont
le régime, avant les endiguements modernes, a dû être fort
capricieux, et causer des ravages aussi subits que considérables ; c'est sans doute pourquoi presque tous les cimetières préhistoriques de ces vallées sont placés au flanc de
la montagne, en dehors de l'atteinte du fleuve.

Dans l'antiquité, non seulement la vallée principale fut
habitée, mais aussi les vallées latérales, même jusqu'à une
altitude fort élevée (Le Grand Saint-Bernard, Saint-Luc,
Louèche-les-Bains, Zermatt en Valais ; Misox, aux Grisons).

Par sa civilisation, le canton du Tessin se rattache aujour-

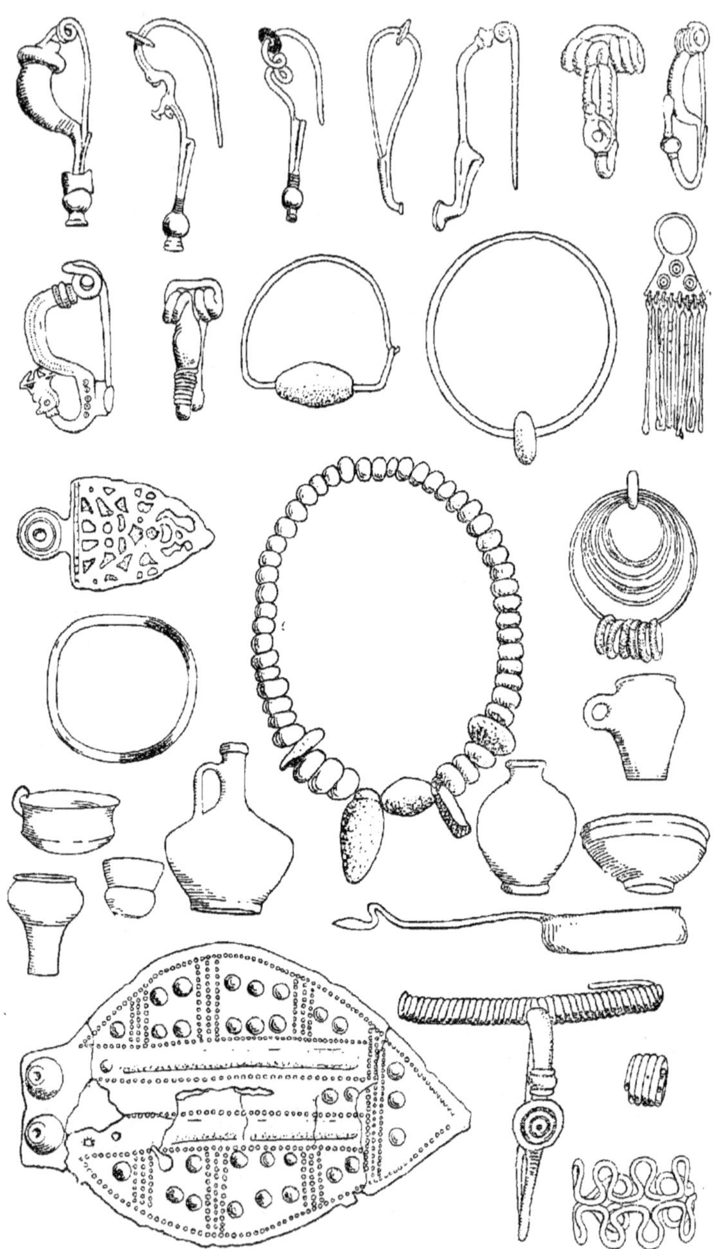

Fig. 20.
Choix d'objets provenant des nécropoles du Tessin.

d'hui complètement à l'Italie, par sa langue comme par ses mœurs, tandis que les Grisons, et surtout le Valais ont conservé une civilisation rustique qui leur est bien propre, avec certains points de contact et des dissemblances considérables.

Dans l'antiquité, nous pensons qu'ils ont été peuplés par des tribus d'origine semblable, puisque les rites funéraires, comme la construction des tombes, sont dans les trois vallées absolument identiques. Cependant, pour le reste, la civilisation préhistorique des Grisons se rattache étroitement à celle du Tessin, qui, elle-même est proche parente de celle qui fleurissait à la même époque dans la vallée du Pô; la civilisation du Valais présente une physionomie tout à fait particulière; les objets représentatifs sont des types purement locaux, mais dénotent aussi des influences venant du sud et d'autres du nord.

Dans le Tessin (et les Grisons) les tombes se trouvent groupées en nécropoles souvent considérables. (Giubiasco, 540 tombes). A l'endroit où la vallée de la Moesa vient déboucher dans celle du Tessin, sur un espace de quelques kilomètres carrés, on compte une dizaine de cimetières et plus d'un millier de tombes. Nous avons montré, dans un travail récent (1), que ce groupement de cimetières s'explique parce que la grande route commerciale qui d'Italie conduisait au Rhin passait par là.

Quelques-uns de ces cimetières se rencontrent assez haut dans la montagne, dans les endroits particulièrement bien exposés (Rovio, Pianezzo).

Le Valais ne fut certainement pas plus peuplé que les deux vallées précédentes, mais la population y fut répartie plus également. Tandis qu'au Tessin toute la vie paraît s'être concentrée en un seul point, dans le Valais, toutes les vallées furent occupées depuis le partie la plus reculée (Aernen)

____

(1) D. Viollier. *Cimetière préhistorique de Giubiasco* in *Anzeiger*, 1906. p. 87.

jusqu'au Léman. Aussi les tombes se rencontrent-elles à chaque pas, non pas réunies en imposantes nécropoles, mais par petits groupes, voire même isolées.

Malheureusement, abstraction faite des tombes du Tessin, nous sommes presque sans renseignements sur ces sépultures.

Dans les vallées alpestres, les deux rites funéraires déjà étudiés sur le Plateau : l'incinération et l'inhumation, ont été pratiqués, mais en proportions très différentes. C'est à peine si le 1 0/0 des tombes contient des restes incinérés (1), toutes les autres (99 0/0) sont à inhumation. Notons que dans des vallées alpestres, il y a des tombes à incinération souterraines, ce qui ne se trouve pas sur le plateau suisse.

a) *Tombes à inhumation*.

Ces tombes appartiennent toutes au même type : tombes souterraines renfermant un corps allongé couché sur le dos. Souvent la tombe est une simple fosse ; c'est la tombe en pleine terre (Binn, Grône, Sion [Valais]). Dans quelques cas, une pierre sert d'oreiller au mort (Binn). Une seule fois, le corps reposait sur un lit de cendres occupant tout le fond de la fosse (Binn). Parfois on avait protégé le défunt contre le poids de la terre par une couverture de dalles.

Plus fréquemment, l'emplacement réservé au mort est entouré d'un rang de pierres roulées délimitant un rectangle. Parfois cet entourage est incomplet, et se réduit à deux rangs de pierres latéraux ou à quelques pierres disséminées.

D'autres fois, l'entourage est fait de dalles plantées verticalement. Celles-ci sont toujours brutes.

Le fond de la tombe est quelquefois également fait de dalles. Sur l'entourage repose une couverture de dalles.

(1) Ces tombes à incinération ne se sont rencontrées que dans les deux nécropoles de Cerinasca et Molinazzo.

Ces tombes sont toujours rectangulaires : une seule était plus large à la tête qu'aux pieds.

Ces tombes ne renferment qu'un seul corps. Une seule exception : à Sierre une tombe contenait 4 corps.

Ce type de tombe apparaît à la fin du premier âge du fer et demeure en usage pendant toute la période gauloise, même encore pendant tout le premier siècle de notre ère (Giubiasco).

Le corps est inhumé tout habillé.

Il est toujours allongé. Dans un seul cimetière, celui de Raron (Valais), dont les tombes remontent la plupart à la fin de l'époque du bronze, on trouve le corps couché sur le dos et les jambes repliées. Cette coutume se maintient pendant le premier âge du fer (1).

Pas plus que pour les tombes du Plateau, on ne saurait dire s'il y avait des signes extérieurs pour marquer la place de la sépulture ; mais les mêmes raisons nous font pencher pour l'affirmative.

L'orientation est très variable. Cependant il semble que la direction NE.-SO. fût la plus usuelle, avec déviation fréquente dans un sens ou dans l'autre.

b) *Les tombes à incinération.*

Ce sont quelquefois des tombes de même dimension que les tombes à inhumation et de construction semblable. Au fond de la tombe se trouve une couche de cendres sur laquelle est disposé le mobilier funéraire (Giubiasco); dans quelques cas, ce dernier est déposé dans une sorte de petite annexe construite sur l'un des grands côtés de la tombe et soigneusement fermée (Castione).

Mais dans la plupart des cas, la tombe est une petite ciste, de dalles ou de pierres (Castaneda [Grisons], Saint-Luc

_____

(1) Nous avons déjà parlé de ces tombes au chapitre II.

[Valais], Cerinasca, Rovio [Tessin]). Ces cistes sont carrées, de construction régulière, fermées par une dalle. Le mobilier funéraire est disposé au fond et les cendres enfermées dans une urne. Quelquefois un second vase est placé dans un angle de la tombe et protégé par quelques pierres verticales (Cerinasca).

D'autres fois, la tombe est de forme arrondie et de construction moins soignée.

Toutes ces tombes à incinération appartiennent à la même époque, c'est-à dire à la fin du 1er âge du fer et sont contemporaines des tombes à inhumation, au milieu desquelles on les trouve disséminées.

Pendant tout le second âge du fer, l'inhumation devient constante. Ce n'est qu'avec l'arrivée des Romains que reparaît la coutume de brûler les corps.

Le corps était toujours brûlé en dehors de la tombe, probablement sur un emplacement réservé spécialement à cet usage. Quelquefois le mort a été brûlé avec tous ses ornements dont les débris se retrouvent au milieu des cendres, dans la tombe. Mais plus souvent le défunt avait été dépouillé de tous ses bijoux avant d'être déposé sur le bûcher.

La poterie, qui fait presque complètement défaut dans les tombes gauloises du Plateau, est par contre très abondante dans celles des vallées alpestres.

Dans les tombes du 1er âge du fer les armes font complètement défaut, bien que la population dût compter dans son sein un certain nombre de guerriers.

Par contre, pendant le deuxième âge du fer, les armes se rencontrent assez fréquemment avec le mort.

Le casque — assez rare — est toujours placé à côté du corps, ainsi que l'épée enfermée dans son fourreau. Suivant un usage encore inexpliqué (1), les épées sont très souvent ployées avec leur fourreau. Dans un cas même, l'épée n'était

---

(1) Salomon Reinach, *L'épée de Brennus* in *Anthropologie*, 1906, p. 343.

pas entièrement rentrée dans son fourreau. Dans une autre tombe, la lame et le fourreau avaient été ployés séparément. Généralement l'arme a été seulement pliée sur le genou. Une seule fois, elle a été repliée trois fois sur elle-même. Le même rite s'observe sur les lances.

CONCLUSIONS

Nous avons achevé notre enquête sur les usages funéraires
des populations préhistoriques de la Suisse. Cette enquête
nous a fourni des données dont l'intérêt est soit ethnographique, soit sociologique, soit l'un et l'autre à la fois.

En ce qui concerne l'ethnographie de ces populations préhistoriques, ces données doivent être confrontées avec celles
que nous donnent l'anthropologie et l'archéologie.

Pour l'anthropologie, nous prendrons comme guide
M. le Dr A. Schenk, un des anthropologues qui se sont
fait une spécialité de l'anthropologie préhistorique (1).

A l'époque néolithique, il y avait en Suisse deux
populations bien différentes : l'une, brachycéphale, habite
les rives de nos lacs, dans des stations sur pilotis ; nous
ignorons encore ses rites funéraires.

L'autre est une population terrienne, dont on n'a pas
encore retrouvé les demeures, mais dont nous connaissons
les tombeaux : cette population est dolichocéphale et se
rattache sans doute aux vieilles races qui ont peuplé la
France à la fin du quaternaire (2).

---

(1) M. Schenk avait entrepris un travail de longue haleine sur les ossements des époques préromaines en Suisse. La mort (novembre 1910) l'a
malheureusement empêché d'achever son œuvre. Son travail s'arrête à l'âge
du bronze (**A.** Schenk, *Études sur l'anthropologie de la Suisse* in *Bulletin de
la Soc. de géographie de Neuchâtel XVIII* (1907) et **XIX** (1908).

(2) A. Schenk, *Populations primitives* in *Revue hist. vaudoise*, 1901, p. 101.

Cette population terrienne dolichocéphale fut peu à peu absorbée par la population brachycéphale lacustre, comme l'indique la présence dans les stations sur pilotis d'un type nouveau, mésaticéphale.

A la fin de l'époque néolithique, la Suisse fut envahie par de nouvelles tribus; celles-ci étaient également dolichocéphales, mais d'un type semblable à celui des populations qui occupaient à cette époque le nord de l'Allemagne (1). Ces envahisseurs venaient de la rive droite du Rhin, et devant leur masse, les tribus qui jusqu'alors avaient occupé le pays, se retirèrent, et se concentrèrent dans la Suisse occidentale.

Les nouveaux venus apportaient avec eux la connaissance du bronze (2), et s'établirent aussi dans des villages sur pilotis le long des rives des lacs.

Les données anthropologiques nous faisant défaut, ces hypothèses sont déduites des faits archéologiques seuls.

Ayant trouvé ce qu'ils cherchaient sans doute, c'est-à-dire un pays où ils puissent s'établir à l'aise, ils ne tardèrent pas à entrer en relation avec les populations qu'ils avaient refoulées. On voit en effet le bronze faire son apparition dans les anciennes stations lacustres de l'âge de la pierre dans la Suisse occidentale; peu à peu la civilisation caractérisée par l'usage général du bronze conquit tout le pays.

Cette civilisation était dans son plein développement lorsque se produisirent des événements encore obscurs. Soudain les stations lacustres sont abandonnées par leurs habitants. Cet événement se place à une date qui correspond, dans le sud de l'Allemagne, au milieu de la première phase de l'époque de Hallstatt.

(1) A. Schenk, l. c.

(2) Il faut remarquer que le métal fut apporté en Suisse à deux reprises différentes. Il pénétra, probablement par la voie du Rhône, d'abord sous forme de cuivre dans les stations lacustres de la Suisse occidentale (le cuivre manque en effet dans les stations de la Suisse orientale). Plus tard se produisit en Suisse orientale une invasion. Les nouveaux venus apportaient avec eux la civilisation de l'âge du bronze.

De nouvelles populations font leur apparition dans le pays, et apportent la connaissance d'un nouveau métal usuel : le fer.

Ces nouveaux venus arrivaient, eux aussi, des plaines de la Germanie méridionale.

Mais ces tribus hallstattiennes qui venaient d'Allemagne et qui occupèrent la plus grande partie du pays ne furent pas seules à s'installer en Suisse. A travers les défilés du Jura arrivèrent d'autres peuples qui, depuis le Léman, descendent la vallée de l'Aar. On trouve en effet dans cette région toute une série de tumuli étroitement apparentés à ceux du Jura Français, caractérisés en particulier par la présence des « umbos de boucliers à cercles concentriques » ou « boucliers de pudeur », qui font absolument défaut dans la Suisse orientale, mais sont abondants sur les deux versants du Jura (1). Toutefois on admet que ces tribus différentes appartenaient au même tronc.

Vers 500 avant J.-C. arrivent en Suisse les premières populations auxquelles il est possible de donner un nom historique. Ces nouveaux venus avaient une civilisation différente de celle des tribus hallstattiennes, civilisation que nous retrouvons en plein développement dans les plaines de la Champagne et dans toute l'Europe centrale, jusque dans le nord de l'Italie, en un mot dans toutes les régions que nous savons, par les auteurs anciens, avoir été occupées par les Gaulois. Ce sont donc des Gaulois.

Ils se mêlèrent d'abord aux tribus du premier âge du fer. Mais de nouvelles bandes, arrivant plus nombreuses, absorbèrent à la fin les anciens occupants du sol.

En 110 avant J.-C., à la suite des Cimbres et des Teutons, surviennent, comme nous l'avons déjà vu, les Helvètes. Tandis que les premiers ne faisaient que passer, les derniers s'établissaient entre l'Aar et le Jura. Mais à ce moment, la

____

(1) A. Chantre, *L'âge du fer.* — Piroutet, *Nouvelles fouilles de tumuli* in *Anthropologie*, 1904, p. 297.

civilisation gauloise était si uniforme sur les deux rives du Rhin, qu'il est impossible de distinguer les tombes des nouveaux venus de celles des tribus installées déjà depuis plus de 200 ans dans le pays.

Ces diverses tribus gauloises, qui peuplaient la Suisse, continuèrent à vivre sur son sol plus de 50 ans sans que nous puissions rien savoir de leur histoire, jusqu'au jour où, inquiétées par les mouvements de peuples qui s'opéraient de l'autre côté du Rhin, elles se décidèrent à aller chercher une nouvelle patrie dans le Gaule occidentale.

On sait comment finit l'aventure. Battus par César, de libres qu'ils étaient, ils rentrèrent dans leur pays, sujets de Rome.

Ainsi, depuis la première apparition de l'homme sur notre sol, jusqu'au début de notre ère, plusieurs populations se sont succédé en Suisse. Seuls, les derniers venus, les Gaulois nous sont connus. Ces diverses populations sont caractérisées et différenciées parfois par leurs traits physiques, presque toujours par leur genre de vie que révèlent leur répartition sur le sol et les objets dont elles se sont servies, en un mot par les traits spéciaux de leur civilisation. Elles se sont différenciées également par la diversité de leur façon d'être à l'égard des morts, de leurs croyances sur la mort.

Les témoins de leurs croyances, les rites funéraires divers ne changent pas seulement avec les âges, mais encore nous en constatons des variétés nombreuses au cours d'une même période préhistorique. Tantôt ces différences sont nettement localisées dans une région du pays, tantôt elles sont réparties sur tout le pays.

Elles sont dans bien des cas le résultat des mélanges de familles qui avaient des croyances diverses. Elles correspondent aussi aux conditions sociales des morts, à leur âge ou à leur sexe. Mais beaucoup sont des signes ethniques.

Il semble bien que ce soit là la conclusion que l'on puisse tirer de notre étude.

En effet, à l'époque gauloise, où nous savons d'une façon certaine que notre pays fut habité tout entier par une même population, nous ne trouvons, sur tout le territoire suisse, qu'un seul rite : l'inhumation ; qu'un seul type de tombe : la fosse souterraine.

Nous pouvons avec vraisemblance en induire qu'à chaque type de tombe, nettement défini, correspond un groupe humain particulier.

Aux mélanges de types correspondent des mélanges de groupes ; aux variantes, des différenciations dans un même groupe.

Dès l'époque néolithique, nous avons constaté trois types de tombes. Dans les unes, le corps est étendu de tout son long ; dans les autres, il est au contraire replié sur lui-même ; ici, la tombe renferme presque toujours deux corps inhumés ensemble ; là, le mort est inhumé seul le plus souvent. Enfin, dans le troisième groupe, le mort n'est déposé dans sa dernière demeure qu'après un séjour plus ou moins long dans une sépulture provisoire où il se débarrasse de toute la partie impure de sa dépouille mortelle.

Ces différents rites funéraires sont caractéristiques des différentes tribus descendant des premiers occupants du pays à l'époque paléolithique.

Avec la civilisation de l'âge du bronze apparaît un rite nouveau, l'incinération, qui détruit complètement le corps et libère plus rapidement l'esprit du mort.

Ces deux rites, inhumation et incinération, demeurent presque partout distincts, occupant chacun une région bien délimitée.

Les habitants de la Suisse romane gardèrent jusqu'à la fin leurs rites funéraires ; pendant toute l'époque du bronze, leurs tombeaux sont identiques de construction à ceux de l'époque précédente.

Ce fait démontre clairement que le reste de la Suisse a reçu à l'âge du bronze une population nouvelle. Ce n'est pas l'ancienne population qui aurait changé de civilisation.

Celle-ci s'est repliée vers le sud et les rites funéraires attestent son identité.

Quelques familles d'incinérants pourtant vinrent s'installer sur les bords du Léman. Leurs tombes ont été retrouvées à Montreux, à Morges et à Saint-Prex.

Toutes les tombes jusqu'à ce moment étaient souterraines, invisibles à la surface du sol. Mais, en même temps que l'on commence à incinérer les morts, on se met à élever la tombe au-dessus du sol, en la couvrant d'une butte de terre, d'un tumulus. Ces tombeaux sont les témoins d'une nouvelle population arrivant de l'autre côté du Rhin.

Ce mode de sépulture, encore rare pendant l'âge du bronze, deviendra presque exclusif pendant l'époque suivante, le premier âge du fer. En même temps, les deux rites de l'incinération et de l'inhumation se mêlent intimement, sur tout le territoire suisse. Non seulement sur un même point, nous trouvons des tumuli recouvrant un corps brûlé, et d'autres un corps inhumé, mais sous la même butte funéraire, peut-être au cours de la même cérémonie, l'un des corps sera inhumé tandis que l'autre sera réduit en cendres.

Les mêmes particularités ont été constatées dans les tumuli hallstattiens du Sud de l'Allemagne, en particulier dans ceux de la Haute Bavière fouillés par Naue (1).

Ces derniers présentent les plus grandes analogies dans leur structure avec les tumuli du plateau suisse : le noyau de pierres central, le cercle de pierre à la base des tumuli y sont fréquents. Enfin, même emploi simultané de l'inhumation et de l'incinération.

Cependant la tombe souterraine ne disparaît pas complètement; on en trouve quelques-unes dans la région des tumuli. Par contre, dans les vallées alpestres, elle demeurera le seul type de tombeau en usage.

---

(1) G. Naue, *Hügelgräber*, Stuttgart 1887. — Le même, *L'époque de Hallstatt en Haute Bavière*, in **Revue. Arch.**, 1895, II, p. 43.

La population qui habitait dans les montagnes avait donc une autre origine que celle qui occupa la plaine.

Le tumulus et l'incinération disparaîtront bientôt devant l'invasion d'un nouveau peuple : les Gaulois qui inhument leurs morts dans des tombes souterraines.

Mais l'objet de cette étude n'était pas uniquement ethnographique. Si modeste que soit sa contribution aux recherches religieuses, c'est de religion que j'ai parlé en commençant et c'est à la religion qu'il faut revenir en finissant, plus exactement aux représentations et aux rites religieux concernant les morts, dont les tombes préhistoriques de la Suisse ont fourni des exemples certains ou hypothétiques.

Dès qu'il y eut dans ce pays une population stable, elle nous a laissé comme trace de sa présence les tombeaux qui témoignent du respect dont étaient entourés les morts, démontrent la croyance à une survie et sont la preuve de la religiosité de ces hommes primitifs. C'est là un fait général reconnu aujourd'hui de presque tous les archéologues.

L'âme survivait-elle au tombeau ? S'en allait-elle dans un au-delà ? Les croyances à cet égard paraissent avoir été assez confuses. On a cru, semble-t-il, qu'elle demeurait désormais, pendant un certain temps, enfermée dans la tombe, qu'elle subissait des stages avant la libération finale.

C'est en vue de la vie au tombeau que l'on plaçait auprès du mort des vivres. Mais c'est pour lui permettre de gagner plus aisément le but de son voyage que l'on a mis dans quelques tombeaux un char, et même les harnais du cheval.

La survie de l'âme dans la tombe a sans doute excité chez les vivants, entre autres sentiments, des sentiments de crainte ; elle peut y devenir malfaisante, être un vampire. Pour se défendre du vampire, on la retient de force dans le tombeau. C'est dans ce but peut-être que les corps ont été repliés sur eux-mêmes et ficelés.

Les moyens de hâter la délivrance de l'âme, d'abréger ses stages, de lui permettre de gagner plus tôt sa dernière demeure, en préservant du même coup les vivants de sa présence dangereuse, ont été employés, tel le décharnement artificiel du cadavre, ou son incinération totale ou partielle. Dépouillée de son enveloppe charnelle, l'âme se hâtera de quitter le tombeau.

Ces pratiques ne sont pas constantes; mais dans la plupart des tombeaux nous trouvons au moins la trace de quelque rite qui tend au même but; ce sont des charbons déposés en tas auprès du mort, des traces de feux rituels à l'extérieur, rites réduits, tirant leur efficacité de la tradition. Nous avons vu souvent que le mort ne partait pas seul; les funérailles ont été accompagnées de sacrifices humains. Ici, c'est la femme qui est immolée sur la tombe de son époux ; là, ce sont des suivants que l'on sacrifie sur le tombeau de quelque chef. Nous avons cru aussi trouver un exemple d'une étrange cérémonie : le mariage des morts. Voilà pour les représentations et les rites que la structure de la tombe, son contenu, et le traitement du mort nous révèlent.

Enfin la répartition des tombes sur le sol prête à des considérations sur la morphologie.

Les tombes isolées ou réunies en petits groupes de deux ou trois le long des rivières ou sur la lisière des forêts sont un sûr indice que ceux qui y déposèrent leurs morts étaient des nomades, chasseurs ou pasteurs. Réunies au contraire en cimetières importants, elles nous montrent que nous avons affaire à des groupes sédentaires réunis en villages.

Ces diverses sortes de considérations ont été indiquées à mesure que la suite des faits les suggérait. C'était tout ce que je me proposais de faire dans ce livre qui ne voulait être qu'une collection de faits archéologiques. Dans la mesure où ces faits tiennent ensemble, ils constituent un morceau du passé de la Suisse. A d'autres de les mettre en œuvre à nouveau pour leur faire mieux dire ce qu'ils nous apprennent sur le passé de l'homme et de ses sociétés.

TABLE DES MATIÈRES

	Pages
Introduction	1
Chapitre premier. — Rites funéraires pendant l'âge de la pierre.	9
I. Carte des tombes de l'âge de la pierre.	10
Chapitre II. — Rites funéraires pendant l'âge du bronze	23
II. Cartes des tombes de l'âge du bronze.	23
Chapitre III. — Les rites funéraires pendant l'âge du fer. — Le plateau suisse. — Les Tumuli	35
III. Carte des tumuli	36
IV. Carte des rites funéraires	54
Chapitre IV. — Le plateau suisse. — Les tombes plates	59
V. Carte des tombes plates	60
Chapitre V. — Les vallées alpestres. — Les tombes plates	71
Conclusions	79

Le Puy-en-Velay. — Imprimerie Peyriller, Rouchon et Gamon.